AF395383

OBSERVATIONS

PRÉLIMINAIRES,

*Présentées à la seconde chambre du Tri-
bunal de première Instance de Rennes,
à l'audience du 30 mai 1818,*

PAR M. DUNOYER.

A RENNES,

DE L'IMPRIMERIE DE CHAUSSEBLANCHE, RUE DE
BORDEAUX, DERRIÈRE LE PALAIS.

1818.

OBSERVATIONS

PRÉLIMINAIRES

Présentées à la seconde chambre du Tribunal de première Instance de Rennes, à l'audience du 30 mai 1818,

PAR M. DUNOYER.

~~~~~~~~~~~~~~~~

MESSIEURS,

La première chambre de ce Tribunal, en rejettant la demande en liberté sous caution que je lui avais présentée, s'est particulièrement fondée sur ce motif, que mon refus d'exécuter les mandats qu'on avait décernés contre moi, annonçait un système de désobéissance à la justice. Ce grave reproche m'avertit que ma conduite dans cette affaire n'a point été comprise, et qu'elle a besoin de vous être expliquée. Permettez, avant que nous abordions la question de la com-
~~~~~~~~~~~~~~~~

pétence, que j'entre à ce sujet dans quelques détails. Cela importe non seulement à ma cause, mais à celle de la liberté publique, dont la défense, dans ce procès, m'occupe autant que la mienne propre. Ce que j'ai fait en vue de son intérêt, tournerait infailliblement à son préjudice, si l'on parvenait à dénaturer à vos yeux les motifs qui m'ont déterminé; si l'on vous faisait attribuer à l'esprit d'insubordination ce qui m'a été inspiré par l'amour de l'ordre, par le désir de veiller dans ma personne à la conservation d'une garantie sur laquelle repose la sûreté de tous, celle qui assure aux citoyens que jamais ils ne seront distraits de leurs juges naturels. Je ne veux pas qu'on puisse me faire un crime d'une détermination honorable dans son principe, et qui sera, je l'espère, salutaire dans ses résultats. Je ne veux pas qu'on se puisse servir, pour exciter votre animadversion contre moi, d'une chose qui doit, j'ose le dire, me concilier votre estime, Messieurs, et celle de tous les hommes honnêtes et sensés. Je ne veux pas enfin, avoir été un sujet de scandale pour cette noble jeunesse de Rennes, qui unit tant de modération à tant de courage civil, tant de respect pour les magistrats à tant d'ardeur pour la défense des libertés nationales. Je désire qu'elle sache, au contraire, que j'ai comme elle l'esprit d'insubordination en horreur, que c'est dans l'intérêt de l'ordre, et pour le maintien des lois, que je me suis abstenu d'exécuter certains actes, que j'ai protesté contre leur exécution ; et que ce qu'on qualifie de désobéissance à la justice, m'a été précisément inspiré par mon profond respect pour la justice et l'exacte observation de ses formes.

Pour vous mettre, Messieurs, tout-à-fait à même d'apprécier la conduite que j'ai tenue, je crois devoir faire précéder le peu de mots que j'ai à vous dire à ce sujet, de l'exposé simple et fidèle des actes de la partie publique.

Un magistrat de cette province s'est plaint, dit-on, d'avoir été calomnié dans le sixième volume de l'ouvrage que publient à Paris Messieurs Comte et Dunoyer. Je n'examine point où devait légalement être portée cette plainte ; j'observe seulement que si elle eût été formée dans le seul dessein d'obtenir réparation de l'injure prétendue qui l'avait provoquée, elle eut été plutôt portée devant les tribunaux de Paris, dont la compétence était incontestable, que devant ceux de Rennes, dont la compétence devait paraître au moins douteuse. Remarquez en effet que le plaignant n'avait pas le moindre motif pour s'adresser de préférence aux Tribunaux de Rennes. Que pouvait-il désirer ? d'obtenir promptement et commodément justice ; ensuite, de faire que la réparation, s'il lui en était du, devînt aussi publique que l'avait été l'offense. Eh bien, cela lui était aussi facile en s'adressant aux tribunaux de Paris, qu'en portant sa plainte aux juges de Rennes.

Une plainte aux tribunaux de Paris ne l'obligeait point à des déplacemens, comme plusieurs journaux du ministère ont voulu le faire entendre. Pour quel motif, en effet, se [fût-il déplacé ? Il n'avait point de preuve à faire, pas de témoins à faire entendre ; ce n'était pas à lui à se justifier, c'était à ses calomniateurs, et ceux-ci ne le pouvaient qu'en rapportant la preuve légale, ce qui écartait toute discussion, et rendait la présence du plaignant évidemment inutile. Il lui suffisait, en quelque sorte, d'adresser sa plainte à Paris pour obtenir justice. Il pouvait compter que le ministère public ne la suivrait pas avec moins de zèle à Paris qu'il ne l'a fait à Rennes ; il pouvait d'ailleurs charger un avocat, et dix, s'il était besoin, de l'y suivre et de l'y soutenir, sûr qu'il était d'être couvert de ses frais par le jugement, si sa dénonciation était jugée véritable.

Ensuite, s'il obtenait une condamnation, elle pouvait acquérir autant de publicité en Bretagne, étant rendue par les tribunaux de Paris, qu'étant prononcée par les juges de Rennes ; elle pouvait du moins y devenir beaucoup plus publique que ne l'avait été l'écrit prétendu calomnieux ; tous les journaux de Paris pouvaient la rapporter ; elle pouvait être insérée dans tous les journaux de cette province ; enfin, le plaignant pouvait demander l'impression et l'affiche du jugement, en tel lieu et en tel nombre d'exemplaires que l'intérêt de sa réputation l'exigerait. Il n'y avait donc, dans l'intérêt de la plainte, aucune espèce de raison pour porter l'affaire devant les tribunaux de Rennes, plutôt que devant les juges de Paris..... Et pourtant, c'est à Rennes que l'affaire a été portée ; à Rennes, qui n'était ni le domicile du plaignant, ni celui des prévenus, ni le lieu certain du délit ; à Rennes, où l'on savait que les prévenus n'avaient ni composé, ni imprimé, ni publié, ni distribué, ni fait distribuer leur ouvrage ; à Rennes, où ils ne pouvaient pas se défendre par procuration, comme le plaignant pouvait les faire poursuivre à Paris ; à Rennes enfin, où on les forçait de se rendre avant qu'il fût décidé si les tribunaux de cette ville avaient caractère pour les juger ; avant qu'ont pû savoir si le dénonciateur était fondé à se plaindre, si celui qui se disait calomnié n'était pas lui-même calomniateur, et si, par conséquent, les inculpés ne seraient pas fondés à évoquer l'affaire à Paris précisément par la raison qu'on la portait à Rennes.... Je ne cherche point, Messieurs, les motifs de cette première, de cette étrange détermination. Votre conscience les appréciera. Je poursuis.

C'était incontestablement une chose un peu hasardée que d'appeler les prévenus à Rennes. Il semble qu'en prenant un tel parti, on aurait dû mettre quelque soin à voiler par des formes douces et légales ce qu'il offrait d'insolite et de violent. Il semble, par exemple, qu'on aurait pu appeler d'abord les prévenus par une simple assignation. C'était dans le vœu de la loi : la prévention était légère ; les prévenus n'étaient pas des vagabonds, même *des vagabonds de la littérature* ; ils ont à Paris un établissement assez important ; ils appartiennent l'un et l'autre à des familles honnêtes ; ils fréquentent à Paris des maisons considérables et considérées ; une portion assez notable de leurs concitoyens les honore de quelque estime : on était à peu près sûr de toujours trouver ces hommes là ; on aurait donc pu se contenter de leur envoyer une simple citation. On le devait d'autant plus, qu'il était absolument sans exemple qu'on eût jamais arrêté personne d'avance dans des affaires de cette nature, et qu'en employant contre eux des rigueurs aussi inusitées, il était presque impossible d'échapper au reproche de partialité.... On ne l'a pas fait. Quel motif a-t-on eu ? Je l'ignore. On a considéré peut-être qu'il était trop peu

naturel de les appeler à Rennes , pour qu'ils pus-
sent consentir à s'y rendre volontairement , et
que par conséquent la première violence en rendait nécessaire une seconde. Quoiqu'il en soit, la
procédure a commencé par des mandats d'amener.

Les magistrats de Paris, auxquels ont été adressés
ces mandats, n'ont pas laissé que de paraître un
peu embarrassés pour l'exécution. Ils sentaient
sans doute que ces façons d'agir n'étaient pas
ordinaires ; qu'on pourrait trouver un peu rigoureux de voir arrêter deux hommes sur une simple
prévention de calomnie ; qu'il pourrait paraître
encore plus étrange de les voir traduire devant
les tribunaux de Rennes , pour un écrit publié à
Paris ; surtout , quand allant d'eux-mêmes au-
devant de la plainte , ils offraient de se présenter
à toute réquisition devant les tribunaux de la
capitale. On savait les objections qu'il y avait à
faire contre le projet de les faire conduire à Rennes :
les prévenus les avaient présentées, et l'on n'avait
trop su qu'y répondre. Quel parti prendre ? On
ne voulait pas faire trop crier ; mais on ne
voulait pas non plus laisser l'œuvre impar-
faite ; il fallait qu'elle fut consommée sans scandale ; il fallait que les prévenus fussent arrêtés
et conduits à Rennes , sans que cela parût le
moins du monde étonnant. La chose était difficile ;
des hommes vulgaires auraient eu de la peine à

se tirer de là ; on s'en est tiré d'une manière admirable. Voici comme on a procédé. On s'est contenté d'abord de déposer le mandat à la porte des prévenus ; puis on a envoyé des huissiers qui ne devaient faire que le semblant de vouloir l'exécuter, qui n'ont pas voulu trouver les prévenus chez eux quoiqu'ils y fussent, quoique l'un d'eux au moins se trouvât chez lui quand ils s'y sont présentés, et qu'il les ait lui-même reçus (1).

―――――――――――――――――――――

(1) C'est moi-même qui ai reçu les huissiers chargés de l'exécution du mandat d'amener. Ils s'étaient présentés plusieurs fois à ma porte. On leur avait toujours dit que j'étais chez moi. Cela était désespérant pour des gens qui voulaient constater que j'étais en fuite. Enfin, me trouvant toujours, il a bien fallu qu'ils prissent le parti de monter. Je leur ai moi-même ouvert ma porte : « Vous n'êtes certainement pas M. Dunoyer, m'ont-ils dit, » en se présentant. — Que lui voulez-vous ? — Nous sommes » chargés de l'arrêter. — Non, je ne suis pas, pour le mo- » ment, M. Dunoyer (notez qu'ils devaient me connaître ; » ils m'avaient conduit à la Force, ou vu dix fois au palais » dans le cours de notre dernier procès) — Et où est » M. Dunoyer ?— Voilà qu'il part à l'instant même pour la » campagne ; mais il ne sera pas long-temps absent. »

Après cela, on a tenu pour constant qu'ils étaient en fuite, et en conséquence, on a mis les mandats lancés contre eux entre les mains de la police, qui les a fait arrêter de la manière que tout le monde sait. Exécutée ainsi, leur arrestation n'a plus eu rien que de simple, et l'on a pu faire mettre dans les journaux que les prévenus s'étaient attiré ces rigueurs en se soustrayant aux poursuites de la justice. L'acte peut paraître sévère, disait un des principaux chefs de la police générale; mais du moins nous avons la satisfaction de pouvoir dire qu'on y a mis des formes, et que dans tout ceci il ne s'est rien passé que de régulier.

Bientôt, il s'est agi de me transférer à Rennes. Il était au moins douteux qu'on eût le droit de me faire faire ce voyage : il m'a été proposé d'en faire les frais. J'ai été menacé, si je n'offrais de solder ma place et celle de mon escorte dans une voiture publique, d'être conduit de brigade en brigade devant vous; et si je n'avais pas eu le courage de résister aux sollicitations de mes amis,

---

Après ce petit colloque, ces messieurs se sont assurés en ma présence que je n'étais pas chez moi; et il paraît que là dessus il a été constaté que j'étais en fuite.

de me mettre, en quelque sorte, à la discrétion du ministère, de dire que j'étais prêt à aller à pied, j'eusse été forcé de payer pour être conduit, escorté de gendarmes, à cent lieues de mon domicile, devant des juges que tout prouvait n'être pas les miens.

Il y avait eu certainement quelque rigueur à m'arrêter sur une plainte en calomnie, et à m'arrêter pour me conduire à Rennes. J'étais fondé à croire qu'en arrivant dans cette ville, je pourrais obtenir ma liberté sous caution. J'en avais fait la demande avant de partir; on n'avait aucun motif, même spécieux, pour me la refuser.... Je dis qu'on n'en avait aucun, on en a trouvé quatre : on a considéré que j'étais *repris de justice;* que j'étais en état d'insurrection contre la justice ; que ma présence dans la ville *ne serait pas sans inconvénient*, c'est-à-dire évidemment, que j'étais suspect ; enfin, que les juges avaient le pouvoir d'accorder ou de refuser la liberté sous caution, selon qu'ils le jugeaient convenable, ce qui, pour l'observer en passant, aurait pu dispenser de toute autre considération.

Poursuivi par le procureur du Roi de Rennes, j'aurais dû n'être conduit ici qu'à la requête de ce magistrat. Cela, je pense, était dans l'ordre ;

M. le procureur du Roi de Paris ne devait à cet
égard rien faire d'office ; il devait attendre d'être
requis par le ministère public près ce tribunal.
Il n'en a pas été ainsi, Messieurs : le même jour,
à peu près, où M. le procureur du Roi de Rennes
faisait ajourner ici indéfiniment mon affaire, M. le
procureur du Roi de Paris, m'a fait donner une
assignation pour votre audience du 28. Il m'a
donc fait assigner sans en avoir été requis ; et
cela paraît si vrai, que le jour de mon arrivée en
cette ville, le chef du ministère public près
votre tribunal ignorait complètement, à ce qu'il
m'a paru, que j'eusse été assigné pour le 28.
Ainsi, M. le procureur du Roi de Paris m'a
assigné à la requête de M. le procureur du Roi
de Rennes, quand ce magistrat ne lui avait pas
adressé de requête ; ainsi, il m'a fait conduire
de son chef devant vous ; ainsi, il m'a fait transférer à cent lieues de mon domicile, quand il pouvait n'y avoir plus lieu à me faire faire ce voyage,
quand la partie civile pouvait avoir retiré sa
plainte, quand vous pouviez d'office vous être
dessaisis de l'affaire, quand vous pouviez vous
en dessaisir avant que je fusse arrivé.

En arrivant à Rennes, j'aurais dû, ce semble,
être conduit directement en prison : M. le procureur du Roi a exigé que je parusse d'abord

devant lui. — Mon escorte avait suffi pour me conduire de Paris à Rennes ; elle aurait pu suffire,
je crois, pour me conduire de la diligence à la
Tour-le-Bât : on a jugé à-propos de la renforcer. —
L'instruction de mon affaire était depuis long-
tems terminée ; M. le juge-instructeur en
avait été dessaisi par l'ordonnance qui en a saisi
ce tribunal : ce magistrat a exigé que je fusse
conduit devant lui, pour subir un interrogatoire.

Après une longue suite de procédés plus ou
moins irréguliers et violens , je me trouvais dé-
tenu à cent lieues de chez moi , dans une ville
où je ne connaissais personne. Je n'étais encore
que prévenu ; je n'étais prévenu que d'un délit
peu grave ; je n'étais poursuivi que par un particulier : les journaux ministériels avaient eu
grand soin de le dire..... Il semble que dans
un tel état de choses , il pouvait être permis
de s'intéresser à la situation d'un homme qu'on
croyait d'ailleurs avoir quelque raison d'estimer.
On a paru trouver cela répréhensible. L'autorité
s'est montrée offensée des sentimens qu'on me
manifestait ; elle a sévi pour en réprimer l'expression , lorsqu'elle n'avait rien que de décent et de
légal , et j'ai eu la douleur de devenir ici l'occasion d'un emprisonnement.

Enfin, Messieurs, dans une affaire où je ne suis, dit-on poursuivi, que par un particulier, ce particulier est, en quelque sorte, l'homme dont, jusqu'à ce moment, j'ai le moins apperçu l'action. Rien de sa part, jusqu'à la dernière audience, ne m'avait averti de ses plaintes; c'est presque un bruit public qu'il ne s'est plaint qu'à la sollicitation de ses supérieurs, et que même il en a manifesté une sorte de regret; tandis que le ministère, qui se dit étranger à ces poursuites, a plusieurs fois déchaîné ses journaux contre nous; tandis que, dans l'excès de son zèle, M. le procureur du Roi de Paris, n'attend pas même, pour me faire conduire devant vous, qu'il y ait un jour assigné pour l'audience; tandis qu'à mon arrivée dans cette ville, des officiers de gendarmerie s'empressent de venir offrir leurs services à M. le procureur du Roi, et disputent presque à mon escorte le plaisir de m'emprisonner; tandis que la première autorité de ce département fait enfermer dans un fort, à dix ou douze lieues de sa famille, un homme prévenu de m'avoir donné une sérénade; tandis que cette simple démonstration d'intérêt est devenue, dit-on, l'objet de plusieurs rapports aux premières autorités de l'état; etc. (1)

____

(1) Puis-je omettre de faire mention ici de l'escorte qu'on m'a donnée le 28 mai, pour me conduire de ma prison au

Voilà, Messieurs, quels ont été, dans cette affaire, les actes de la partie publique. Peut-être, en les considérant bien, me serait-il permis de demander à ceux qui trouvent que ma conduite ressemble très-fort à un système de désobéissance, si cette procédure ne ressemble pas un peu à un système de persécution. Mais je ne veux pas récriminer ; je ne veux qu'expliquer ma conduite. Elle a été simple, Messieurs, et quoiqu'elle ait été exempte de faiblesse, vous ne trouverez pas qu'elle ait manqué de modération. Je peux l'expliquer en une phrase. Je me suis soumis à la force sans résister et sans me plaindre ; mais je n'ai pas voulu exécuter volontairement des actes que je trouvais illégaux ; j'ai protesté contre ces actes, au contraire, et je l'ai fait avec toute l'énergie dont je suis capable ; je l'ai fait, parce que tel était mon devoir ; parce que tout honnête

---

tribunal, et me reconduire du tribunal à ma prison ? J'avais deux gendarmes devant moi, deux à mes côtés et deux derrière ; un huissier à verge ouvrait la marche, et le concierge de ma prison la fermait. C'était donc, de bon compte, huit hommes que j'avais autour de moi ! Huit hommes pour conduire un prévenu de calomnie ! Et huit hommes dont six étaient armés de sabres, de fusils et de baïonnettes !.... La chose semblait si étrange qu'on demandait, m'a-t-on dit, dans le public, si MM. les officiers de gendarmerie n'auraient pas voulu me faire la galanterie de me donner une garde d'honneur ?

homme est obligé d'empêcher, par tous les moyens que les lois mettent à sa disposition, qu'on n'attente dans sa personne à des garanties sur lesquelles repose la sûreté publique ; parce que celui qui ne le fait pas, me paraît un mauvais citoyen, qui fonde par sa lâcheté la servitude commune ; parce qu'enfin, ce n'est qu'ainsi qu'on peut mettre un frein aux licences du pouvoir ministériel, et maintenir quelque ordre dans la société civile.

J'ai été frappé de l'irrégularité des poursuites dirigées contre moi, dès la première signification du mandat d'amener, et mes protestations ont commencé, en quelque sorte, avec la procédure. Aussitôt que ce mandat m'a été remis, je me suis présenté avec mon collègue devant M. le Procureur du Roi. Nous lui avons dit qu'il ne nous était pas possible d'exécuter cet acte; nous lui en avons exposé les raisons; il a paru les sentir, et cependant il nous engageait à nous rendre volontairement à Rennes. Nous lui avons répondu qu'on pouvait nous contraindre, mais que nous ne saurions aller volontairement; que nous ne pouvions pas contribuer, par une conduite molle et une déférence peu éclairée, à fonder une jurisprudence aussi monstrueuse que celle que tendaient à établir les poursuites commencées contre nous à Rennes. Nous l'avons supplié, en même temps, de ne pas voir dans ce refus le désir de nous soustraire aux poursuites de la justice ; nous lui avons dit qu'on nous trouverait toujours prêts à comparaître devant nos juges naturels , et que si l'on avait quelque plainte à former contre nous, à l'occasion de nos ouvrages , on pouvait nous citer devant les tribunaux de Paris , que nous nous présenterions devant eux à toute réquisition.

On ne s'est pas contenté de ces offres. On est venu , après plusieurs semaines d'hésitation , et après avoir passé par une succession de nuances habilement graduées , exécuter le mandat de M. le juge d'instruction de Rennes. J'ai cédé à la force ; mais j'ai protesté contre l'usage qu'o en faisait. Le jour même de mon arrestation , j'ai déclaré par écrit à M. le procureur du Roi que je considérais comme un violent abus de pouvoir qu'on m'arrêtât ainsi en vertu d'un mandat lanc de Rennes, pour un délit commis à Paris, et dont les Tribunaux de Paris *seuls* pouvaient connaître.

Quand il a été question de me transférer à Rennes , on aurait voulu que je me prêtasse volontairement à cette translation ; on m'engageait, comme je l'ai déjà dit, à en faire les frais, si je ne voulais être conduit à pied. Voici ce que j'a' répondu à M. le procureur du Roi :

« Monsieur, on me demande quel parti je veux
» prendre relativement à mon transfèrement à
» Rennes ; on me fait entendre que , si je n'offre
» pas de payer mon voyage et celui de l'escorte
» que vous me donnerez , je cours le risque d'être
» conduit à pied. Que puis-je répondre ? Traduit
» de vive force devant des juges qui ne sont pas
» les miens, consentirai-je encore à pourvoir aux
» frais de cette violence, et à payer pour être per-
» sécuté ? Non, monsieur. Vous ordonnerez à cet
» égard ce qui vous paraîtra le plus convenable. Les
» articles 4 et 12 du décret du 18 juin 1811, relatifs
» à la translation des prévenus, vous permettent
» de les faire conduire à pied, à cheval, en char-
» rette, en diligence, en chaise de poste. Vous
» choisirez entre ces modes, Monsieur ; vous
» adopterez celui que votre humanité , votre res-
» pect pour les bienséances vous indiqueront.
» Quant à moi, je n'en préfère aucun ; je les
» repousse également tous : de quelque manière
» qu'on me conduise à Rennes, on ne m'y con-
» duira que par un horrible abus de pouvoir,
» contre lequel je proteste de toutes les forces de
» mon esprit et de mon âme. Après cela, je suis
» en vos mains ; disposez de moi ; vous pouvez
» me considérer comme un corps sans volonté :
» *materia circà quam.* A Dieu ne plaise que je
» repousse aucune de vos rigueurs ; plus elles

» seront grandes, plus elles seront instructives ;
» on verra, par tout ce que vous me ferez souf-
» frir, jusqu'à quel point nos lois criminelles
» peuvent se plier aux persécutions privées, et
» peut-être l'excès du mal fera-t-il sentir le
» besoin du remède. Je ne m'oppose donc à
» rien, Monsieur ; je désavoue même tout ce que
» mes amis auraient fait ou pourraient faire en-
» core pour exciter votre miséricorde ; je m'a-
» bandonne entièrement à vous. Si vous voulez
» me faire conduire à pied, j'irai sans murmurer,
» tant que mes forces me soutiendront ; si les
» forces me manquent, vos préposés sauront sans
» doute quel parti ils auront à prendre : dans tous
» les cas, il ne tiendra pas à moi que votre volonté
» ne soit faite, et que je n'arrive, mort ou vif,
» devant les juges de Rennes. »

Bientôt on a envoyé des gendarmes pour m'ex-
traire de la Force et me transférer dans cette ville.
On m'a trouvé disposé à me laisser conduire ; mais
en me résignant, j'ai dû, pour la conservation de
mes droits, attendre qu'on vînt me saisir dans
l'intérieur de ma prison, et il a été constaté,
devant témoins, qu'on m'enlevait, et que je
n'allais pas volontairement.

Telle a été ma conduite, Messieurs. On peut
y voir une suite de protestations ; mais non pas
un système de désobéissance. Protester, en effet,

ce n'est point désobéir; c'est invoquer ses droits, en cédant à la force; c'est se soumettre en faisant ses réserves. Voilà ce que j'ai fait. Je me suis soumis, et encore soumis. Je l'ai fait sans faiblesse, mais sans manifester un seul instant le dessein de faire résistance. Seulement, en subissant l'exécution des mandats lancés contre moi, j'ai déclaré, parce que j'en étais convaincu, qu'on me faisait violence; j'ai protesté, en quelque sorte, à chaque pas qu'on m'a fait faire vers vous, et je renouvelle respectueusement mes protestations aux pieds de ce tribunal, où vous déciderez, j'espère, que je n'aurais pas dû paraître.

Je ne sais pas, Messieurs, ce que le plus rigoureux ami de l'ordre pourrait trouver à reprendre dans une telle conduite. Quand même il serait décidé qu'on n'a pas eu tort de me traduire devant vous, j'aurais encore eu raison de réclamer contre cet acte, si je le trouvais contraire à mes droits et à la sûreté commune; et j'ai peine à comprendre, je l'avoue, comment des magistrats éclairés et probes, ont pu trouver dans des protestations aussi régulières, surtout quand elles étaient faites sans emportement et sans aigreur, un motif pour me refuser ce que la loi ne dénie qu'aux vagabonds et aux repris de justice : je n'ai pas besoin d'observer que je prends ce mot dans une acception un peu moins étrange que celle qu'on a voulu lui donner.

Peut-être, Messieurs, eût-il été aussi noble et aussi juste d'honorer cette manière d'agir, que de m'en faire un crime. Il semble, en effet, que ce n'est pas manquer tout-à-fait de désintéressement et de zèle pour le bien public, que de se prêter à faire ainsi, sous les verroux, des expériences auxquelles le public est intéressé. Voilà bientôt deux mois que je suis privé de ma liberté, depuis que la question de la compétence s'agite. Cette discussion tend en quelque sorte à ajourner indéfiniment l'époque de ma libération. Si j'avais affaire à des magistrats moins éclairés et moins intègres, elle pourrait beaucoup se prolonger; il serait possible qu'après cinq ou six mois de captivité, il n'y eût pas encore lieu d'examiner si je suis coupable; tandis que, si j'avais voulu reconnaître la juridiction de ce tribunal, il y a longtemps que je serais jugé et sans doute absout, car les moyens de repousser le reproche de calomnie qui m'est adressé ne me manquent point. Il eût donc été de mon avantage, à prendre ce mot dans un sens étroit et vulgaire, de faire le sacrifice de mes droits et des intérêts du public; mais il m'a semblé qu'une pareille conduite serait peu noble; et, sans trop calculer combien de mois de prison il pourrait m'en coûter, j'ai bien résolu de ne pas m'occu-

per de la plainte , avant d'avoir fait décider ,
dans l'avantage commun des écrivains et du
public , si les magistrats qui m'ont mandé devant vous avaient qualité pour cela , et si vous
pouvez accepter la compétence qu'il leur a plu
de vous faire.

Déjà , Messieurs , l'examen de cette question
a provoqué une décision importante, et qui éveil-
lera sans doute l'attention de notre parlement.
La cour de cassation , à qui nous avions dénoncé
les mandats en vertu desquels on m'a conduit
dans cette ville , a décidé que c'étaient-là de simples actes d'instruction, dont l'examen excédait
les bornes de sa compétence. Ainsi donc, il
n'y a pas de recours possible contre un mandat ;
pas de moyen possible d'en arrêter l'exécution.
Ainsi, quelque monstrueux qu'il soit dans sa
forme, quelque absurdes qu'en paraissent les
motifs, quelque incompétent que puisse être le
magistrat qui l'a décerné , il faut d'abord commencer par l'exécuter ; il faut en subir tous les
effets , avant que de pouvoir se plaindre ; il a
fallu, par exemple, que je vinsse à Rennes examiner si l'on avait le droit de m'appeler à Rennes ; comme il faudrait, s'il prenait fantaisie
aux juges d'instruction de Lille et de Bayonne,
de Brest et de Perpignan, de me mander dans
chacune de ces villes, que je commençasse par aller

dans toutes , avant que de pouvoir faire décider si l'on avait qualité pour m'y faire conduire ; comme il faudrait, si j'étais assigné par un juge d'instruction de la Corse, des Antilles, des grandes Indes, que je prisse mon parti d'aller en Corse, aux Antilles, aux grandes Indes, avant que de pouvoir mettre en question si le juge qui m'aurait cité était compétent pour le faire. Ainsi , des actes capables de produire de pareils effets, des actes assez définitifs pour faire traîner des citoyens d'un bout du monde à l'autre , pour les engager dans d'énormes dépenses, pour les retenir pendant des années entières sous les verroux , ne sont cependant que des actes provisoires ; et parce qu'on les qualifie de provisoires, il n'y a pas moyen de les faire réformer ; le provisoire a plus de force que le définitif, un juge d'instruction plus de pouvoir qu'une cour souveraine, un acte d'instruction , des effets plus inévitables qu'un jugement en dernier ressort ; ainsi, les volontés d'un juge instructeur, exprimées en forme de mandats, sont plus irrésistibles que les lois mêmes, puisqu'une loi peut être réformée avant qu'on l'exécute, et qu'un mandat doit être exécuté avant qu'on puisse le faire réformer ; ainsi un juge d'instruction est une puissance dont rien ne peut suspendre ni modifier les ordres ; c'est un maître absolu ; on ne peut que tomber à ses pieds et implorer sa clémence..... Il est permis d'espérer, Messieurs, qu'une contestation qui nous a conduits à faire remarquer une pareille monstruosité dans notre législation, ne sera pas sans fruit pour la liberté publique.

La même contestation aura pour effet de fixer la jurisprudence sur une question qui n'est guère moins importante, quoiqu'elle ne paraisse pas intéresser aussi immédiatement tous les citoyens. C'est celle de savoir où se commet un délit de la presse.

Nos lois criminelles attribuent la connaissance d'un délit à l'un des trois tribunaux suivans : celui du *domicile du prévenu*, celui du lieu *où il est trouvé*, celui du lieu *où s'est commis le délit*. Cette règle est générale, et s'applique, à moins d'exception, à tous les délits ; or, il n'est pas fait d'exception pour les délits de la presse, donc ces délits ne peuvent être jugés que par le tribunal du *domicile de l'auteur*, du lieu *où il est saisi*, ou du lieu *où s'est commis le délit*. On ne conteste point sur le lieu du domicile, ni sur le lieu de la *capture* du prévenu ; mais il s'élève une difficulté sur le lieu du délit ; on demande quel est le lieu où se commet un délit de la presse.

M. le Garde des sceaux, dans la dernière session des chambres, a avancé en principe que les délits de la presse n'avaient point de lieu déterminé, qu'ils se commettaient partout où PAR-VENAIT l'écrit imprimé. En conséquence de ce principe, il a voulu faire établir en loi, que toute personne qui se prétendrait lésée par un écrit, pourrait se plaindre au juge de son domicile, si cet écrit y PARVENAIT. Le projet du ministre a été rejeté ; mais sa théorie s'est maintenue ; et comme il paraît que les théories de son excellence ont force de loi, il est arrivé qu'en vertu de sa théorie j'ai été saisi dans mon lit, puis claquemuré dans la maison d'arrêt de la Force, et enfin conduit entre deux gendarmes dans la ville de Rennes, où il paraît que quelques exemplaires de notre avant dernier volume étaient *parvenus*, et où il s'est trouvé une personne qui s'est *prétendue lésée* par ce volume.

J'ai donc été traduit devant vous, Messieurs, parce que l'ouvrage dont on se plaint est *parvenu* dans le ressort de votre tribunal, et parce que, d'après la théorie de M. le Garde des Sceaux, l'auteur d'un écrit prétendu répréhensible, se rend coupable partout où son écrit *parvient*. Mais est-il vrai qu'un délit de la presse n'ait pas de lieu déterminé, qu'il se commette partout où *parvient* l'écrit, et que vous puissiez juger un écrivain, par cela seul que son écrit est *parvenu* dans votre territoire ? C'est la question qui vous est soumise, et que mon défenseur va développer devant vous.

Vous avez à déterminer, Messieurs, ce qui forme le corps d'un délit de la presse; si ce délit se renferme dans le fait de la composition, de l'impression et du dépôt d'un ouvrage, ou s'il se continue dans toutes les conséquences de ce fait; s'il se poursuit dans la distribution et la circulation ultérieures; s'il se propage comme le livre, s'il se multiplie comme le nombre d'exemplaires qu'on en répand, s'il se perpétue et se transmet d'âge en âge avec l'écrit qui le recèle; s'il est un fait unique, circonscrit, ins-tantané, ou bien un fait multiplié, infini, éternel; si, par suite, l'auteur d'un pareil fait peut être poursuivi une fois ou cent mille fois, en un lieu ou en cent mille lieux, un seul jour ou jusqu'à la consommation des siècles.

Vous avez à décider si tout délit ne sup-pose pas le concours d'un fait criminel et de l'intention de commettre ce fait; si ce concours, pour les délits de la presse, peut exister autre part que dans la composition, l'impression et la première mise en vente de l'ouvrage; si, quand l'auteur a fait cela, il n'a pas consommé le délit; s'il y a fait et volonté de sa part dans la distribution ultérieure, qui est l'ouvrage des libraires; s'il dépend de ceux-ci de lui faire commettre autant de délits qu'ils vendent de fois son ouvrage, de le rendre criminel dans tous les lieux où ils le font parvenir.

Vous avez à décider si, quand les empoisonneurs, les assassins, les incendiaires, les parricides doivent être poursuivis devant leurs propres juges, il sera permis de traduire les écrivains devant les juges de leurs dénonciateurs; et si l'on n'aura pas pour ceux-ci les égards de justice et d'humanité, dont on ne se croit pas dispensé envers les scélérats les plus infâmes.

Vous avez à décider si un écrivain peut être à la fois appelé par tous les juges; si chaque juge peut appeler à la fois tous les écrivains; si la compétence, en matière de délits de la presse, doit être en quelque sorte livrée au pillage; si l'on doit laisser les tribunaux se la disputer; si l'on doit permettre à tout plaignant de la dispenser à son gré, et de saisir le tribunal qui sera le mieux à sa convenance.

Vous avez enfin à décider si une pareille théorie peut se passer de l'appui des lois; si elle est assez raisonnable pour se soutenir d'elle-même; si c'est par des théories qu'on peut déterminer la compétence des tribunaux; si c'est sur des théories et sur des théories aussi abstruses qu'il sera permis d'arrêter les citoyens et de les faire traîner d'un bout du royaume à l'autre.

C'est avec une sincère et pleine confiance, Messieurs, que je vous soumets ces questions. Vous ferez justice, j'espère, de la doctrine en vertu de laquelle on m'a conduit de si loin et si arbitrairement devant vous ; vous ne voudrez pas consacrer par votre décision un pareil désordre ; Vous dispenserez la puissance législative d'intervenir pour le réprimer ; vous vous servirez des moyens que les lois vous donnent pour l'étouffer à sa naissance.

Vous vous défendrez surtout, Messieurs, contre une disposition trop commune, sinon aux tribunaux qui ne consultent et n'appliquent ordinairement que la loi, du moins aux gouvernemens qui font, en général, un grand usage de ce qu'on appelle la raison politique, et qui punissent trop souvent les hommes du mal même qu'ils leur ont fait. Une des maximes les plus constantes des gouvernemens, a dit un écrivain du dernier siècle, c'est de ne jamais revenir de leurs sottises. On s'engage dans de mauvaises mesures ; on s'apperçoit après qu'on l'a fait un peu légèrement ; on en a du regret ; mais on persiste pour n'avoir pas l'air de céder : on n'ose plus être juste, de crainte de paraître faible. C'est une disposition fort naturelle au cœur humain ; mais je n'en connais pas de plus dangereuse pour les gouvernemens. Il n'est pas de pouvoir si bien affermi qui puisse tenir contre la pratique de pareilles maximes. Persister dans de mauvaises mesures, c'est perpétuer les résistances qu'elles provoquent; c'est se mettre dans la nécessité de les soutenir par des mesures encore plus mauvaises, qui provoqueront des résistances encore plus violentes; c'est se placer sur la voie des révolutions. Quand on a le malheur d'avoir fait une faute, le parti le plus sage est de la réparer; cela est vrai pour les gouvernemens comme pour les individus, et la meilleure raison d'état est la justice.

Au reste, Messieurs, la nature de vos fonctions vous dispense, vous interdit même d'entrer dans des considérations de ce genre; vous devez appliquer les lois sans vous inquiéter des conséquences de leur application. Vous n'examinerez pas jusqu'à quel point la justice que vous m'accorderez pourra déplaire à quelques hommes; vous ne soutiendrez pas une mauvaise mesure par cela seul qu'elle a été prise et qu'il ne faut pas avoir l'air de reculer, et ce ne sera certainement pas vous qui consentirez à me punir de la violence qui m'a été faite.

DUNOYER , Partie.

LHERMITE , Avoué.

EXTRAIT DE L'ORDONNANCE

DE LA CHAMBRE DU CONSEIL DU TRIBUNAL DE PREMIÈRE INSTANCE DE RENNES,

Qui a renvoyé MM. COMTE et DUNOYER en prévention devant la seconde chambre de ce Tribunal, jugeant en police correctionnelle.

LA première chambre du tribunal de première instance de Rennes, réunie conformément à l'art. 127 du code d'instruction, et composée de MM. Desnos de la Grée, président; Lesire, Chellet et Pocquet juges, a rendu, sur le réquisitoire de M. le Procureur du Roi, en date du 30 mars dernier, l'ordonnance qui suit :

Considérant qu'à la page 388 du sixième volume du Censeur Européen les auteurs font l'imputation à M. Béchu, qu'il n'a pas rempli ses fonctions de procureur du Roi, à l'occasion d'un fait qu'ils précisent et qu'ils présentent comme une prévarication ;

Considérant que, dans le même alinéa, ces auteurs affirment que M. Béchu poursuit avec un zèle infatigable la moindre peccadille commise par toutes les personnes qui ne peuvent pas s'honorer du titre de chouan, et qu'ainsi ils font à

ce magistrat le reproche le plus injurieux , puisqu'ils attaquent son impartialité , et prétendent
que l'esprit de parti le dirige dans l'exercice de
son ministère ;

Considérant que ces diverses imputations dirigées
contre un magistrat qu'elles incriminent à l'occasion de ses fonctions , en l'accusant de partialité
et d'oubli de ses devoirs , sont de nature à attirer
sur lui le mépris et la haine de ses concitoyens ,
et caractérisent le délit de calomnie , tel qu'il est
défini par l'art. 267 du code pénal ;

Considérant que les articles 23 , 63 et 69 du
code d'instruction criminelle établissent une con-
currence pour la poursuite des délits entre les
magistrats du lieu où le délit a été commis, du
lieu de la résidence du prévenu et du lieu où il
pourra être trouvé ; que l'information apprend
qu'un nombre assez considérable d'exemplaires
de l'ouvrage argué de calomnie, ont été répandus
dans la ville de Rennes, et que , de plus , M.
Béchu a joint à sa plainte un de ces exemplaires, pour constater le corps du délit.

*Considérant que le délit de calomnie existe
et se renouvelle partout où se répand l'écrit
calomnieux*, surtout lorsque cet écrit est destiné
à une grande publicité par la voie de l'impression ; que par l'effet de la circulation injurieuse
pour M. Béchu , qui a été donnée à l'ouvrage

précité, dans la ville de Rennes, les magistrats du tribunal de première instance de cette ville, sont devenus juges du lieu où le délit de calomnie a été commis, et par conséquent sont compétens pour poursuivre et juger les auteurs de cette calomnie ;

Considérant que des mandats d'amener, et des mandats de dépôt ont été successivement décernés contre les sieurs Comte et Dunoyer, qui ont jugé à propos de se soustraire aux recherches de la justice, et que ces mandats n'en doivent pas moins être exécutés contre eux ;

Par ces motifs, le tribunal faisant droit au réquisitoire définitif susdaté de M. le procureur du Roi, déclare, que les sieurs Comte et Dunoyer, sont suffisamment prévenus du délit de calomnie, prévu par l'art. 367 du code pénal, ordonne, en conséquence, en exécution de l'art. 130 du même code d'instruction, qu'ils soient renvoyés avec les pièces de la procédure et le sixième volume du Censeur Européen, objet de conviction, sous les mandats de dépôt décernés contre eux, devant le tribunal correctionnel de Rennes, pour y être statué à leur égard, ainsi qu'il appartiendra.

Délibéré et arrêté en la chambre du conseil, à Rennes, le 11 avril 1818.

RÉQUISITOIRE

DE M. LE PROCUREUR DU ROI,

Et Ordonnance de la première Chambre du Tribunal de Première Instance de Rennes , sur la demande de mise en liberté sous caution , présentée par MM. COMTE et DUNOYER.

Attendu que les prévenus ont été condamnés par un précédent jugement à trois mois de prison, comme coupables de faits graves ;

Attendu qu'ils sont *repris de justice*, aux termes de l'article 115 du Code d'instruction criminelle ;

Le Procureur du Roi conclut à ce que leur mise en liberté provisoire ne soit pas ordonnée. Au parquet, le treize mai mil huit cent dix-huit. *Signé* JULES DESPLANTES.

La première chambre du tribunal de première instance, séant à Rennes, département d'Ille et Vilaine, réunie en la chambre du conseil, conformément à l'article 127 du Code d'instruction, et composée de MM. Desnos de Lagrée, président ; Lesire, Chellet et Pocquet, juges, a rendu sur le réquisitoire de M. le procureur du Roi, en date du 13 courant, l'ordonnance qui suit :

Considérant qu'indépendamment de la question de savoir si les auteurs du Censeur Européen doivent être considérés comme *repris de justice* .

il est du moins constant que déjà ils ont subi une condamnation judiciaire de la nature la plus grave, puisqu'elle avait pour objet des calomnies et des injures publiées dans leur ouvrage, contre la personne du Roi ;

Considérant que les sieurs Comte et Dunoyer ont cherché à se soustraire à l'exécution des mandats d'amener et de dépôt décernés contre eux, à de longs intervalles, et que, récemment encore, le sieur Comte assigné devant le tribunal correctionnel de Rennes, n'a pas jugé à-propos de comparaître, et qu'ainsi *leur conduite annonce un systéme de désobéissance à la justice.*

Considérant que le sieur Dunoyer a plaidé devant la cour de cassation, que sa présence en Bretagne, ainsi que celle du sieur Comte, pourrait rallumer les passions, et détruire les heureux effets du voyage qu'un prince auguste à fait dans nos contrées, et que cette allégation, quoique démentie par les loyaux sentimens qui animent nos compatriotes, suffit néanmoins pour persuader que *ce ne serait pas sans inconvénient que la liberté provisoire serait accordée.*

Considérant que *la chambre du conseil est investie d'un pouvoir discrétionnaire pour accorder la liberté provisoire ;* mais qu'elle ne doit pas en faire usage toutes les fois que la réunion des circonstances de l'affaire *peut faire prévoir des inconvéniens*, que son devoir est, avant tout, de prévenir ;

Par ces motifs : la chambre du conseil usant de la faculté que lui donné l'article 114 du code d'instruction criminelle ; déclare qu'il n'y a pas lieu d'accorder la liberté provisoire aux sieurs Charles - Barthelemy Dunoyer et Charles - Louis Comte, avocats à Paris, auteurs du Censeur Européen, et en conséquence les déboute de la requête qu'ils ont présentée à cet effet.

Fait à Rennes en la chambre du conseil, le 16 mai 1818.

PLAIDOYER

PRONONCÉ

PAR M. MÉRILHOU,

AVOCAT,

POUR M. DUNOYER,

L'UN DES AUTEURS DU CENSEUR,

ACCUSÉ DE CALOMNIE.

TRIBUNAL
DE PREMIÈR
INSTANC
de
RENNES.

Chambre
correctionnell

_Audienc d
samedi 30 m
1818._

MESSIEURS,

EN me voyant paraître dans cette enceinte, vous avez dû penser qu'il avait fallu de graves motifs pour me déterminer à faire entendre une voix étrangère sous ces voûtes accoutumées à de plus nobles accens.

Jusqu'ici je n'avais exercé mon ministère que devant les magistrats qui avaient accueilli avec indulgence les premiers efforts de mon zèle. Témoins de ma vie tout entière, convaincus de la pureté de mes motifs, ils m'ont sans cesse nvironné de cette bienveillance encourageante, i noûs est si nécessaire, lorsque notre devoir nous oblige à lutter pour la faiblesse contre la puissance.

Aujourd'hui, dépouillé de ce noble appui, je viens entreprendre une discussion qui peut être longue et orageuse, devant des juges auxquels je suis tout-à-fait inconnu. J'ose introduire un défenseur nouveau au milieu de ce barreau si célèbre dans toute la France par tant de talens, et par une héroïque intrépidité, digne des regards de l'histoire. En parlant devant ces orateurs que j'aurais choisis pour maîtres, ne dois-je pas craindre de vous, Messieurs, le reproche adressé jadis au sophiste qui discourait sur la guerre devant Annibal? Ne m'accusera-t-on pas d'avoir par une folle présomption, privé le prévenu du gage le plus sûr de ses succès, c'est-à-dire, de l'éloquence des orateurs qui honorent cette province?

Magistrats et Citoyens Bretons, ne m'accusez pas d'une téméraire confiance. Je ne viens pas établir de rivalité avec vos orateurs : autant que vous je respecte leur gloire, et je me garderai de vouloir parcourir le domaine qu'ils ont illustré : ce n'est pas un défenseur qui accourt au milieu de vous pour exercer un ministère dû a tout opprimé qui l'invoque : ce n'est qu'un ami qui vient de loin, devant vous, payer pour la seconde fois la dette de l'amitié.

Compatriote, condisciple, ami dévoué, je

suis uni aux auteurs du Censeur par tous les liens
que le hasard forme quelquefois, que l'affection et
l'estime peuvent seuls consacrer, et que le temps
finit par rendre indissolubles. Un an n'est pas encore écoulé depuis que je les ai disputés six mois
aux cachots de la capitale : cet orage nouveau ne
rebutera pas ma constance : elle restera inalté-
rable comme le courage du prévenu. Quel que
soit le résultat de la lutte qui s'engage en ce
moment, le malheur ou le succès du prévenu
ne seront que d'un intérêt secondaire : ici, comme
par le passé, le procès du Censeur Européen
pourra offrir un utile exemple, celui de la rési-
gnation dans l'infortune, de l'abnégation de soi-
même au milieu d'un intérêt général, et de l'im-
puissance ou de l'utilité des lois existantes pour
protéger la sécurité des citoyens : aujourd'hui,
comme en 1817, M. Dunoyer consent à être la
matière expérimentale de l'effrayante immensité
d'une compétence arbitraire. Puissent ces débats
éclairer le législateur sur les vices des textes
qui peuvent les laisser naître, et qui abandon-
neraient à une jurisprudence variable la fixation
des limites de la compétence, dont l'immutabi-
lité est la garantie la plus efficace de la sécurité
des accusés, et de l'impartialité des juges.

La difficulté qui doit vous occuper en ce moment est donc une des plus importantes qui puissent

être élevées sur les matières qui tiennent à la publication de la pensée. Il ne s'agit de rien moins que de placer les écrivains hors de la protection de la loi commune, et de les frapper d'une sorte de dégradation civique, en livrant chacun d'eux à tous les caprices de tous les hommes revêtus de la moindre portion du pouvoir.

C'est en France, c'est devant des tribunaux français, c'est sur la cendre des grands écrivains qui ont doté leur pays de leur gloire, qu'il faut combattre avec tant d'efforts, et peut-être avec quelque courage, pour que des hommes dont les écrits seraient lus avec avidité dans toute l'Europe, dont le caractère aurait été toujours respecté par la calomnie des factions, et dont la personne serait honorée dans les fers, par les marques de la plus noble bienveillance, jouissent des mêmes droits que des êtres dégradés par la vilité même de l'accusation, et dont le simple salut ferait rougir un honnête homme.

Ce ne sont pas des privilèges, ce ne sont pas des faveurs spéciales que nous venons demander pour les écrivains: ils ne réclament que le droit de n'être pas jugés d'après d'autres principes, et traités avec plus de rigueur que les voleurs et les filoux.

Encore, si la loi s'expliquait avec quelque précision! Encore, si des textes formels imposaient cet étrange système que je dois combattre ! Il faudrait bien bien se soumettre, quoique à regret, et tout en provoquant la réforme d'une législation vicieuse, l'exécuter provisoirement.

Mais, aucune loi n'autorise cette monstrueuse fiction d'une compétence universelle et perpétuelle pour les délits de la presse : aucun arrêt ne l'a consacrée ; car la prétendue décision relative aux poursuites dirigées à Bordeaux contre les écrivains du Mercure n'a jamais existé, et ne vous sera pas représentée.

Depuis un an, dans les accusations relatives aux abus de la presse, on a avancé dans l'intérêt du pouvoir, bien des doctrines, dont le temps et la raison publique ont fait justice ; mais jusqu'à présent l'idée de cette compétence universelle n'était entrée dans la tête de personne. Lorsque cette théorie a pris naissance dans les tribunaux de cette ville, pour aller frapper des citoyens établis et domiciliés à Paris, je n'ai entendu dans la capitale de la part de tous les hommes consacrés à l'étude des lois, que l'expression de la plus profonde surprise : cette opinion que j'aurais pu croire circonscrite dans l'enceinte du barreau de Paris, je la trouve partagée par le barreau breton tout entier, qui en a délivré l'attestation la plus solennelle.

Ainsi donc, lorsque dans le silence des lois et

des arrêts, cette doctrine d'exception n'a été soumise encore qu'à la législature qui l'a condamnée,
et aux jurisconsultes qui l'ont réprouvée, je puis
aborder avec quelque confiance une discussion, où
je puis succomber, sans que la vérité soit pour cela
déshéritée de ses droits ; une erreur de plus n'est
pas impossible sans doute ; mais la charte et le droit
commun qui réclament, mais la raison publique
qui proteste, seront tôt ou tard entendus.

Avant d'entrer dans la discussion de nos moyens,
je n'exposerai point les faits qui s'y réfèrent ; je
n'examinerai point si le ministère public a suffisamment expliqué et précisé la preuve des circonstances dans lesquelles il place le siège du
délit, et le prétexte de la compétence de ce tribunal. Cette partie de la cause sera plus conve-
nablement débattue avec le fonds de la défense,
si toutefois vous vous condamnez à cette tâche
affligeante. Ainsi, je raisonnerai sur ces faits
d'une manière hypothétique, et je supposerai que
le prévenu est bien l'auteur du 6.ᵉ volume du
Censeur Européen, parvenu à Rennes sans sa
participation, et même à son insçu.

Il y a plus : j'imposerai silence à l'amertume
de mes souvenirs. Par respect pour le tribunal
devant lequel j'ai l'honneur de parler, je m'abs-
tiendrai de toute récrimination sur les rigueurs
inouies et sans objet développées contre le sieur
Dunoyer. J'ai vu bien des accusations en calom-

nie : j'en ai vu qui présentaient des attaques dirigées contre des premiers présidens, des procureurs-généraux , des cours royales tout entières ,
des ministres , le Roi lui-même : j'en ai vu pour
des calomnies atroces , qui avaient déterminé
une condamnation capitale contre un innocent. Jamais je n'entendis parler d'une arrestation préliminaire ; on ne l'emploie pas même
dans des délits plus-graves , contre des citoyens
domiciliés. Bastide et Jausion n'ont point été
arrêtés avant l'interrogatoire ; je défie la contra-
dition sur ce point. Mais à quoi bon nous plaindre de cette distinction ? S'il fut donné au prévenu
d'offrir l'exemple unique d'un système inoui de
sévérité, ne lui fut-il pas donné aussi d'exciter
l'intérêt le plus vif et le plus général dans les
classes les plus éclairées et les plus indépendantes
de la nation bretonne : douce récompense d'une
vie utile et d'un talent distingué !

Le ministère public suppose que le sieur Dunoyer
est l'auteur du sixième volume du Censeur. Il
convient que ce volume a été publié à Paris , que
c'est à Paris qu'a été fait le dépôt, et qu'a été délivré le récépissé désiré par la loi. Il est notoire
que l'auteur est domicilié à Paris ; que le Censeur présente sur sa première feuille l'indication
des villes où les auteurs ont placé des dépôts de leur
ouvrage, et que la ville de Rennes n'est point

indiquée dans ce nombre. La procédure a constaté que les exemplaires parvenus à Rennes, n'y ont été envoyés ni par les auteurs ni par leurs mandataires, et y sont parvenus au contraire sans leur participation, et même à leur insçu. Rien n'établit que ce n'est pas M. Béchu, lui-même, le plaignant, qui y a apporté de Paris, l'exemplaire déposé au greffe, afin d'avoir le plaisir de fixer lui-même la compétence, ainsi qu'il l'entendait.

C'est de ces faits ainsi supposés que le ministère public et l'ordonnance de la chambre du conseil font dériver leur jurisdiction imaginaire, en considérant comme un délit commis à Rennes, par MM. Comte et Dunoyer, l'arrivée à Rennes, sans leur participation, d'un volume qu'ils n'y ont pas envoyé. Délit d'une nature bien étrange, puisqu'il existerait sans l'intention et sans le fait du prétendu délinquant : erreur déplorable, puisqu'elle a eu pour premier résultat un emprisonnement de deux mois, et une translation forcée à travers toute la France.

Voilà le systême de compétence de la chambre du conseil, réduit à sa plus simple expression.

Un délit sans intention et sans fait !.... La raison humaine peut-elle supporter une semblable théorie ? Défendons la loi contre l'injure qu'on veut lui faire, en la rendant complice d'une absurdité.

La fixation de la compétence, c'est-à-dire, l'attribution à tel ou tel juge du droit de juger tel ou tel procès, est de droit public, parce qu'en effet, le droit de rendre la justice n'existant que par une délégation de la loi politique, c'est à elle à déterminer d'avance la nature de chaque juridiction, les cas où elle devra s'exercer, le territoire où elle devra être renfermée, et les formes dont son exercice doit être accompagné.

Ainsi, point de compétence, point de juge, point d'autorité obligatoire, s'il n'y a délégation de la loi; des actes faits hors de la ligne légale, peuvent bien être exécutés, parce que la force les accompagne, mais n'en sont pas moins des monumens d'ignorance et d'erreur.

Ces règles, si sacrées dans la justice civile, sont plus nécessaires encore dans la justice criminelle; car la règle doit être plus sévère, lorsqu'il s'agit de statuer sur la vie, l'honneur, la liberté des citoyens.

Tout homme accusé n'est pas pour cela coupable. Jusqu'à condamnation, la raison et la loi ne voient en lui qu'un malheureux digne de protection, dont elles doivent favoriser sans cesse la justification.

Lorsque le législateur a fixé les règles de la compétence criminelle, il a été principalement dirigé par le besoin de faciliter à l'accusé les moyens d'établir son innocence, de constater la vérité, et surtout d'abréger et d'adoucir autant qu'il est possible les rigueurs de la captivité préliminaire.

Ceux qui avanceraient que la compétence est fixée dans l'intérêt de la partie qui poursuit, calomnieraient la sagesse et l'humanité du législateur. Les anciens nous parlaient toujours des priviléges de l'accusé, jamais de ceux de l'accuteur : il n'a que des devoirs.

S'il pouvait y avoir quelque incertitude dans l'ordre des jurisdictions criminelles, et si cette incertitude ne pouvait être levée que par le choix de l'accusateur, combien serait à plaindre le sort de l'accusé ! La méfiance et la terreur viendraient assiéger son cœur, jusque sur le banc de l'infortune : et il lui serait bien difficile de voir des gages de l'impartialité de ses juges, dans les motifs qui auraient déterminé pour eux la préférence de l'ennemi qui le poursuit.

Sans doute, ces sentimens ne sont pas ceux qui nous accompagnent dans cette enceinte ; sans doute votre justice forte et indépendante nous est connue ; et le langage que nous tenons en ce moment est la preuve la plus forte du sentiment de notre sécurité.

Mais en examinant une thèse générale, il est

nécessaire d'écarter toutes les considérations qui peuvent tenir aux vertus personnelles des magis-trats qui nous sont donnés.

Un principe fondamental est écrit dans la Charte constitutionnelle : *nul ne peut être distrait de ses juges naturels* : tant l'ordre des jurisdictions est sacré aux yeux du législateur suprême.

Quels sont les *juges naturels* d'un citoyen ?

La raison, qui parle plus haut que les sophistes, semble dire assez, que les *juges naturels* d'un citoyen, sont ceux de son domicile, ou ceux qu'il a choisis lui-même, en allant commettre un délit sur leur territoire. Avant la poursuite actuelle, personne ne se serait douté que les *juges naturels* d'un homme fussent ceux de tous les territoires où il n'a jamais passé, et où se sont exécutés des faits dont il n'a pas même connaissance.

On doit cette grande découverte au ministère public de Rennes.

Le législateur de 1810 n'était pas encore arrivé à la hauteur de ces conceptions nouvelles, lors-qu'il a rédigé les articles 23, 63, 69 du Code d'instruction criminelle. La théorie du ministère public est très-respectable sans doute ; mais la loi mérite aussi quelques égards. Nous ver-rons plus tard lequel des deux doit l'empor-ter, ou du système du ministère public, ou de

celui du Code d'instruction criminelle. Précisons
bien d'abord celui-ci.

Le Code déclare également compétent le juge
du domicile du prévenu , celui du lieu où il
pourrait être trouvé , et celui du lieu où le crime
aurait été commis. Il y a plus : comme si le
législateur avait voulu frapper et proscrire d'a-
vance les inventions , plus ou moins ingénieuses
d'une compétence nouvelle , l'article 69 ordonne
impérativement à tout juge d'instruction , qui ne
serait pas dans l'un des trois cas déterminé , de
se dessaisir de la plainte : il lui défend d'en
connaître , et lui prescrit de renvoyer devant
le juge d'instruction qui sera compétent , suivant
les règles précitées.

Il est difficile de voir un texte plus énergique
et plus précis.

A la vue de ce texte , le juge d'instruction de
Rennes , qui n'était dans aucun de cas prévus par
les articles 23 et 63 , a dédaigné de se dessaisir ,
et a persisté à connaître de la plainte.

Ce qu'il y a de très-remarquable , c'est que la
chambre du conseil motive précisément son ordonnance sur l'article 69 qu'elle allait violer.
Sans être dans aucun des trois cas prévus , elle
retient la cause en vertu de l'article qui lui défend
de la retenir. Ainsi dans la nouvelle théorie des

compétences. exécuter une loi, c'est faire ce qu'elle défend , et refuser de faire ce qu'elle ordonne.

L'arrondissement de Rennes , n'était ni le lieu du domicile du prévenu , ni celui de son arrestation , ni celui de l'exécution du délit *consommé* (si délit il y a) *depuis plus d'un mois à Paris.* Le ministère public de Rennes a retenu la cause , en vertu de l'art. 69 qui le défendait. Le tribunal de Paris était compétent , non seulement par l'un des trois moyens de l'article 23 , mais par les trois moyens réunis ; on devait lui renvoyer l'affaire , en vertu de l'art. 69: on a refusé de faire ce renvoi , en vertu de l'article qui l'ordonnait.

Je ne sais dans quelle langue on devra désormais faire traduire l'art. 69.

Il fallait sortir de l'embarras que donnaient des textes aussi gênans : on s'est jetté pour cela dans des contradictions , et dans la fiction monstrueuse d'un délit de calomnie , indéfiniment , par-tout et toujours renouvelé dans tous les points de l'espace et du tems : ce qui , pour chaque individu , multiplierait un délit de calomnie , et par conséquent les juges compétens pour le punir , et la peine à infliger , par un nombre égal à celui de tous les tribunaux de France et des colonies.

La nouveauté de cette idée paraissait exiger l'indication de quelque lois , ou pour le moins de quelques arrêts, propres à lui donner droit de bourgeoisie dans une législation raisonnable.

On a cru qu'au lieu d'en prouver l'exactitude, il suffisait de l'énoncer purement et simplement : la chose était en effet plus facile.

Le délit de calomnie écrite n'est pas un délit d'une autre nature que les autres délits qui peuvent se commettre par la voie de la presse : à coup sûr, il n'est pas digne de plus de sollicitude de la part du ministère public, que le délit de sédition écrite, qui tend *essentiellement* d'une manière directe ou indirecte, à ébranler l'ordre politique. Les calomnies contre un simple particulier, *même contre M. Béchu, le président,* ne peuvent encourir une peine plus sévère, ni une poursuite plus rigoureuse, que les calomnies dirigées contre la personne ou l'autorité du Monarque.

Cela étant, la chambre du conseil, au lieu de restreindre à la calomnie, son principe chéri de l'universalité et de l'éternité du délit, aurait dû le poser en général pour tous les délits qui peuvent être exécutés par la voie de la presse. Aucune distinction possible ni raisonnable ne peut établir pour quelques uns des règles qui ne soient pas communes à tous.

Pour apprécier toute la gravité de cette erreur, énoncée d'une manière générale, pour tous les délits de la presse, ou spéciale pour ceux de calomnie, il faut rappeler les lois qui réglent le régime de la presse.

Dans la législation actuelle, indépendamment des formes qui doivent précéder et accompagner l'impression d'un écrit, la publication ne peut avoir lieu qu'après le dépôt des cinq exemplaires au ministère de la police, à Paris, et aux bureaux de la préfecture, dans les départemens. La publication qui serait faite avant la délivrance du récépissé de la police, est punie d'une amende particulière, indépendante même de la criminalité de l'écrit.

Lorsque l'autorité juge à propos de faire saisir un livre dangereux à l'ordre public, la saisie, pour pouvoir atteindre tous les exemplaires, doit être faite après le dépôt, et avant la délivrance du récépissé.

L'opposition de l'auteur à la saisie venant à amener la discussion publique de la criminalité de l'écrit, l'on a dû agiter la question de savoir si l'on devait punir l'auteur de l'écrit déposé, comme si la publication eût été consommée.

La loi du 9 novembre 1815 décide l'affirmative; et les tribunaux ont constamment considéré le dépôt comme constituant une publication, et puni les auteurs comme si la publication se fût accomplie.

Depuis que les abus de la presse sont devenus

le patrimoine des tribunaux correctionnels, ce principe a été constamment appliqué par les magistrats. On peut affirmer qu'aucune décision contraire ne pourrait être rapportée. Par la plus étrange des bizareries, MM. Comte et Dunoyer, condamnés en 1817, en vertu de cette doctrine, et sur les réquisitoires du ministère public, invoquent en 1818, comme un principe tutélaire pour eux, celui qui est consacré par leur propre condamnation, et le ministère public repousse aujourd'hui la théorie que lui-même a fait triompher.

Ce principe, dont je ne puis ni ne dois ici examiner la justesse, se trouve reproduit dans le projet de loi sur la presse, présenté dans la dernière législature, et rejetté par la chambre des pairs. De nombreux adversaires se sont levés pour l'attaquer. Les ministres, les conseillers d'état, les députés qui votent avec eux, et tous les procureurs-généraux qui sont membres de la chambre, (1) défendirent ce principe, comme

(1) M. Bellart, procureur-général de Paris, et député de la Seine; M. Bourdeau, procureur-général de Rennes, et député de la Haute-Vienne; M. de Courvoisier, procureur-général de Lyon, et député du Doubs; M. de Blanquart-Bailleul, procureur-général de Douay; M. de Voysin-Gartempe, premier président de Metz. Voyez dans le moniteur, notamment la séance du 13 décembre 1817.

une incontestable vérité, comme un moyen nécessaire pour la conservation de l'ordre public.
La loi proposée fut rejettée, et laissa subsister
les dispositions de la loi de 1815, et la jurisprudence des tribunaux, qui déclare le dépôt
équivalant à la publication.

Si la publication constitue le délit, si le dépôt
constitue publication, le délit est donc commis
à l'instant où se fait la publication, c'est-à-dire
où s'exécute le dépôt.

C'est donc à Paris, dans l'espèce actuelle, que
se sont exécutés simultanément le dépôt, la
publication et le délit. Aux termes des art. 23
et 63, les tribunaux de Paris ont donc été compétens pour en connaître, dès l'instant même
qui a suivi l'exécution du délit, c'est-à-dire,
la publication, ou en d'autres termes, le dépôt.

Si le dépôt est constamment tenu pour publication, et par conséquent pour délit, toutes les
fois qu'il s'agit de la condamnation du prévenu ;
il est absurde que le prévenu ne puisse pas à
son tour invoquer le même principe, toutes les
fois qu'il doit y trouver sa sûreté. Il est impossible qu'un principe soit vrai contre le prévenu,
et devienne faux quand il veut s'en servir pour
la protection de sa personne.

Le tribunal de Paris étant une fois investi de

la compétence, par la disposition des lois actuelles, peut-il en être dépouillé par des faits subséquens. La raison ne peut admettre que le droit de juris-diction, une fois fixé, puisse devenir ensuite ambulatoire et passager, parcourir successivement tous les tribunaux, sans s'arrêter sur aucun, et accompagner le livre, partout où il plaira à quelques agens intéressés de le transporter à l'insçu de l'auteur. On ne peut pas supposer que chacun des 361 procureurs du Roi du continent français, sans compter ceux de nos établissemens d'Amérique, puisse à son gré devenir compé-tent, quand cela lui fera plaisir, pour faire juger successivement tous les écrivains de la capitale : afin d'atteindre cet heureux résultat, ils n'auraient, suivant la chambre du conseil, qu'à écrire à Paris pour faire venir le livre, et le faire ensuite arrêter à son arrivée par la diligence. Ce principe, qui permettrait non seulement d'agir d'office, mais encore de se créer d'office une compétence, pourrait être fort commode pour le zèle du ministère public, mais n'offrirait à coup sûr aux écrivains que des sujets d'allarmes perpétuelles, et aucune garantie d'impartialité.

Un délit est un fait : il est un par le temps ; il est un par l'espace ; il ne peut se commettre que dans un temps, et dans un lieu déterminé. Un délit qui se renouvelerait, serait un délit multiplié ; ce serait un délit éternel, un délit universel : or, un fait perpétuel et universel, commis par un individu, dans les temps où il n'existe plus, dans les lieux où il ne paraîtra jamais, n'est-ce pas là la plus monstrueuse conception d'une imagination déréglée.

Si l'on admet, avec l'article 637 du Code d'instruction criminelle, que les poursuites publiques et privées, relatives à un délit, peuvent s'éteindre par la prescription, il faut donc que l'époque où le délit est commis soit fixée d'une manière invariable. Un délit pouvant se renouveler, la prescription commencée la veille, serait effacée par le renouvellement du lendemain ; et l'impossibilité de trouver l'instant où l'on pût placer le commencement de la prescription, équivaudrait, en d'autres termes, à l'impossibilité de prescrire, c'est-à-dire, à la suppression de l'article 637 du code d'instruction criminelle, comme à celle de l'article 69 du Code pénal.

On dirait que toutes les vérités législatives semblent se réunir pour repousser l'erreur qu'on veut introduire au milieu d'elles.

Si le sixième volume du Censeur Européen avait été saisi par l'autorité à Paris, avant la délivrance du récépissé, et sur le dépôt des cinq exemplaires, certes, il ne serait point arrivé d'exemplaires à Vitré, ni à Rennes, et le système du renouvellement indéfini se trouverait alors un peu en défaut. Supposons que sur l'opposition à la saisie, le ministère public de Paris eût poursuivi l'auteur au tribunal correctionnel, en condamnation d'écrits séditieux ; il n'est pas douteux que M. Béchu eût pu intervenir sur cette poursuite pour se plaindre incidemment en calomnie. L'auteur aurait-il pu alors repousser la poursuite de M. Béchu, par la supposition qu'il n'y aurait pas eu encore publication, et que le tribunal de Paris se serait trouvé incompétent.

Évidemment une pareille prétention n'eût pas fixé un seul moment les regards de la justice, et la compétence des tribunaux de Paris, pour juger l'action en calomnie de M. Béchu, eût semblé à tous les bons esprits une conséquence nécessaire de la compétence relative à l'action dirigée par le ministère public, pour fait de sédition.

Si le tribunal de Paris eût été bien incontestablement compétent par le seul fait du dépôt, *sans autre publication*, tout autre tribunal eût été incompétent : car il n'y a qu'un seul délit, un seul temps, un seul lieu, et par conséquent un seul juge.

Ainsi donc, la circonstance d'une distribution ultérieure n'est pas nécessaire pour caractériser le délit. De même qu'elle est superflue pour fixer la compétence , elle doit être impuissante pour changer celle qui a d'abord été déterminée.

La compétence d'un tribunal emporte nécessairement l'exclusion de tous les autres , qui ne sont pas positivement appelés. La compétence, qui après avoir été une fois conférée , pourrait être ensuite incessamment enlevée, ne serait plus un droit exclusif, ne serait plus une attribution légale : ce ne serait qu'une fantaisie variable, indigne de la gravité du législateur, et de la stabilité de ses commandemens.

Dans les lois actuelles, le dépôt est le préliminaire de la publication, ou pour mieux dire, une publication anticipée, une publication légale, suffisante pour entraîner la peine : s'il entraîne l'application de la peine , il constitue donc le véritable délit : il attribue donc la véritable compétence.

C'est une erreur capitale que de supposer, avec la chambre du conseil , qu'il s'opère une publication nouvelle , à chaque lieu où se répand l'écrit calomnieux ou séditieux. C'est comme si l'on supposait qu'il s'opère un vol nouveau, toutes les fois que le voleur change de place , ayant en sa possession l'objet volé , ou bien toutes les fois que l'objet volé change de place , sans le fait du voleur.

La publication est l'action de livrer un écrit

à la disposition du public : ainsi , dès lors que le public possède cet écrit , soit par la voie de la vente , soit par la voie de la distribution gratuite, si l'écrit n'est pas destiné à être vendu , l'écrit est publié , par conséquent il y a eu publication. Le mal qui était à faire est consommé.

Qu'importe après cela que les exemplaires ainsi livrés au public , par l'achat en bloc qu'en font des marchands en détail , soient ensuite transférés par ceux-ci à des chalands ? Ces exemplaires , une fois publiés par la livraison aux marchands , sont-ils ensuite publiés une seconde fois par leur transmission à des tiers acquéreurs ? Non. Cela serait absurde. Pour qu'il y eût seconde publication , il faudrait que l'ouvrage fût redevenu miraculeusement secret depuis la première publication. On ne peut pas rendre public ce qui est déjà public : c'est une conséquence, et non un renouvellement de la première publication : ainsi la transmission de l'objet volé, faite par le voleur à un tiers , ne crée pas un nouveau vol , mais est une suite du premier.

La circonstance que l'écrit serait argué de calomnie , au lieu d'être argué de sédition , ne peut rien changer à la nature des choses , et par conséquent ne peut pas faire que ce qui est publié n'ait pas été publié , que ce qui est publié puisse être encore publié : ou , en d'autres termes ,

parce qu'il s'agit d'une calomnie réelle ou prétendue, doit-on condamner le législateur à l'absurdité de déclarer que ce qui est n'existe pas, et
que la vérité est le mensonge ?

Mais que parlé-je du législateur ?

S'est-il expliqué sur ce point ? A-t-il dérogé
aux textes les plus précis du droit commun,
aux principes éternels de la raison et de la vérité ?
Non, Messieurs, aucune exception de ce genre
ne vous sera présentée ; et cependant, quand les
règles générales sont précises et formelles, tout
ce qu'il y a de traditions respectées veulent que
les exceptions soient précises aussi. Qu'on me
montre les textes qui contiennent ces exceptions,
et je consens à me taire. Mais jusqu'à ce que
ces textes soient produits, je serai fondé à repousser, comme une doctrine téméraire, celle
qui tend à introduire pour les délits de calomnie
un droit singulier, qui choque également la raison
naturelle et les tables de la loi écrite.

Mais, d'ailleurs, qu'a donc cette accusation
de si favorable, qu'on doive renverser pour elle
toutes les maximes tutélaires que les temps ont
consacrées ?

A entendre certains hommes qui crient toujours
à la calomnie, parce qu'ils craignent trop la médisance, il semble que tout plaignant en calomnie soit, par le seul fait de cette plainte, un

homme nécessairement estimable. Il semble qu'il devient à l'instant même un être consacré, dont le succès ne puisse jamais coûter trop cher à la société ; on dirait presque qu'un citoyen accusé de calomnie, est par cela même mis hors de la protection de la loi commune.

Pourtant, Messieurs, que d'imputations punies par les lois, et consacrées par la raison publique? S'il y a de justes plaintes en calomnie, n'y en a-t-il pas d'injustes et de mal fondées? Combien de vérités historiques n'ont pas pour elles la preuve légale? Que d'impudens accusateurs ont osé se dire calomniés par l'imputation de faits qu'ils ne déniaient pas? Que de misérables ont trafiqué de leurs plaintes chimériques, au gré d'un parti, et mis leur honneur à prix d'argent?

Telles que sont nos lois, sachons leur obéir et les respecter ; toutefois, avant d'attacher une sorte de faveur au titre de plaignant en calomnie, sachez bien que de grands scélérats pourraient aujourd'hui intenter l'action en calomnie avec certitude de succès.

Oui, Messieurs, TRESTAILLON lui-même, ce monstre teint du sang des protestans de Nîmes, pourrait, s'il le voulait, le code pénal à la main, sur les cendres de ses victimes, demander à leurs orphelins et à leurs veuves, des dommages-intérêts pour réparation de calomnie. Il n'y a pas de preuve légale de ces attentats qui ont effrayé l'univers.

Ainsi donc, qu'on cesse d'appeler l'intérêt sur la tête des plaignans en calomnie, tandis que jusqu'à condamnation, tout l'intérêt, toute la faveur, toute la protection de la loi, appartiennent uniquement au prévenu.

Qu'on cesse de vouloir créer, en faveur de ces sortes de plaintes, un droit spécial, des principes nouveaux, destructifs de la règle commune : qu'on rélègue dans la classe des sophismes judiciaires, cette criminalité ambulante qui commence à chaque instant, et ne finit jamais, qui est partout, et qui n'est nulle part, qui confère la compétence à tous les juges, et ne la laisse à personne ; confusion la plus propre à mettre l'accusé à la merci de l'accusateur, et à renverser de fond en comble l'ordre légitime des jurisdictions.

Quelquefois, au milieu de cette anarchie judiciaire, il pourra bien arriver qu'un honnête homme comme M. Béchu le président, n'abuse pas du droit que lui donne la chambre du conseil de promener partout la compétence, jusqu'à ce qu'il puisse la placer à son gré, et selon ses convenances : mais le droit une fois reconnu, tremblez que les hommes les plus méprisables ne s'en emparent au moyen d'une plainte en calomnie : car qui ne peut pas être calomnié ? avec cette arme redoutable, ils pourront semer de tourmens l'existence des gens de bien, en les faisant trainer par des gendarmes ou des huissiers, du Rhin jusques aux Pyrénées.

Vous aurez décidé aujourd'hui que le plaignant peut, en allant acheter le livre, et en le portant dans sa poche courir de ville en ville chercher des procureurs du Roi, qui veuillent recevoir tout-à-la-fois de sa main, le livre, la plainte, et la compétence. Demain, vous ne pourrez refuser au premier venu l'application de vos propres principes.

En effet, Messieurs, en admettant la théorie de la chambre du conseil, en supposant que l'arrivée à Rennes d'un ou de plusieurs volumes du Censeur suffit SEULE pour rendre compétens les juges de Rennes, il faut qu'on admette aussi que le même évènement, c'est-à-dire que l'arrivée du même volume dans toutes les autres villes de France et des colonies, a conféré aussi la jurisdiction au tribunal de chaque localité : ainsi en même temps que vous seriez devenus compétens, les tribunaux de Perpignan et de Strasbourg, de Marseille et de Dunkerque, de la Martinique et de Chandernagor, de Cayenne et du Sénégal, seront devenus compétens aussi bien que vous, pour le même fait, c'est-à-dire, pour la calomnie de M. Béchu, par l'effet magique de l'apparition invisible du fameux volume sur le territoire de tous ces tribunaux. Si tout le monde est compétent, personne n'est compétent. Vous ne tenez donc pas votre compétence d'un fait légal, mais bien de la fantaisie de M. Béchu, qui a mieux aimé le juge d'instruction de Rennes que celui de Pondichery.

Une compétence qui, relative à un fait unique, à la calomnie de M. Béchu, repose tout à la fois également, au même titre, sur cinq à six cents tribunaux différens; n'est-ce pas une monstruosité légale? Une compétence qui n'a d'autre source que la fantaisie de l'accusateur, n'est-ce pas une conception inhumaine?

Ainsi donc, il faut en revenir aux vrais principes de la matière, parce que la raison seule est juste, et la justice seule est raisonnable. Dans l'arbitraire, vous ne trouverez jamais que des injustices, des dangers et des absurdités.

Ces principes sont ceux qui sont posés par des lois formelles, consacrés par la jurisprudence et professés par la législature.

Le dépôt avant publication, équivaut à publication, et est puni comme publication, en matière d'écrits séditieux et d'écrits calomnieux. C'est donc le lieu où se commet le délit qui doit être le lieu de la compétence, comme l'époque où il se commet fixe l'époque de la criminalité, et le commencement de la prescription. Il n'y a qu'un seul dépôt, qu'un seul lieu, qu'un seul temps, qu'un seul délit, par conséquent qu'un seul juge. Aucune loi n'établit la théorie des délits renouvelés : la raison la repousse, les tribunaux ne sauraient donc l'admettre.

Quelque grande que soit votre autorité, elle est pourtant crirconscrite par les lois et par la raison; et ce serait un terrible excès de pouvoir, que de créer des exceptions arbitraires à des maximes fondamentales.

Après de mauvaises lois, le plus grand fléau qui puisse désoler la société humaine, c'est une mauvaise jurisprudence. Établie par des gens de bien qui peuvent ne pas en pressentir les résultats, elle survit à ses fondateurs, pour servir d'héritage à l'ignorance, et d'instrument à l'iniquité.

Vous donnerez donc une nouvelle marque de votre indépendance et de votre sagesse, en vous soumettant noblement aux limites que la loi prescrit à votre pouvoir. Vous êtes incompétens, parce que vous n'avez en vous aucune des trois circonstances qui donnent l'être à la jurisdiction; et vous rendrez hommage à la compétence des juges de Paris, qui étant à la fois les juges du domicile, ceux de l'arrestation et ceux du délit, réunissent en eux les trois titres sur lesquels se fonde le droit de prononcer.

Il ne me reste plus qu'à détruire, par avance, quelques objections, dont les fauteurs officiels de la compétence universelle ne manquent jamais de s'entourer.

Tout le monde convient de la compétence absolue du juge du lieu du dépôt, pour les cris séditieux : on ne veut appliquer qu'aux écrits présumés calomnieux la perpétuité et l'universalité de la jurisdiction.

Mais d'abord, aucune loi n'établit cette distinction entre les écrits calomnieux, et les écrits séditieux : il n'existe sur ce point que des principes généraux communs aux deux classes d'écrits, et qu'aucune exception ne modifie. Le magistrat ne peut pas créer des distinctions.

Impossible de refuter les exemples. J'ignore si l'on m'en oppose. Je n'en connais aucun de contraire à la doctrine que je professe en cet instant. Je ne sache même pas que la question ait jamais été élevée, avant que le ministère public de Rennes eût saisi le tribunal de ce singulier procès.

Quant à l'ancienne jurisprudence, elle ne peut offrir aucune espèce d'application à la cause actuelle. Les formes adoptées avant la révolution pour régulariser l'impression et la publication des écrits étaient tellement différentes des formes actuelles, qu'il est impossible de tirer de quelques décisions anciennes, aucun argument ni pour, ni contre la théorie dont il s'agit en ce moment.

Qu'on ne vienne point invoquer dans cette cause le texte de la loi sur la presse, présentée par le gouvernement, et rejettée par la chambre des pairs, dans la session dernière. Pour frapper d'avance cette argumentation, si elle pouvait être présentée, il suffira de quelques remarques bien simples.

D'abord, cette loi n'était point explicative du droit existant, mais introductive d'un droit nouveau. Je défie en effet qu'antérieurement à ce texte, on puisse représenter aucune loi, aucune décision judiciaire qui ait admis ou supposé le principe qu'on voulait établir, de la compétence du juge du calomnié pour punir le calomniateur. On aura beau à cet égard affirmer le contraire : il est impossible qu'on rapporte un exemple survenu depuis nos lois nouvelles, qui puisse justifier cette assertion.

Ainsi tenons pour certain qu'aucune pratique du genre de celle dont on suppose l'existence n'avait jamais été connue, et que si une erreur législative, aussi grave que celle de la compétence universelle et perpetuelle, avait pu trouver par surprise accès dans nos codes immortels, elle aurait eu pour source unique le projet de loi que la législature a eu la sagesse de proscrire.

Maintenant, qu'on se livre, si l'on veut, à des réflexions plus ou moins touchantes en faveur du calomnié; qu'on déplore tant qu'on voudra le malheur qu'il aurait d'être obligé de plaider loin de son domicile.

A cela je ne répondrai qu'un seul mot. Quand ces plaintes ne seraient pas exagérées, peut-être seraient-elles un motif pour déterminer un changement dans nos lois; mais le rejet de la loi dont il s'agit, qui avait pour objet d'introduire ce changement, nous laisse sous l'empire de la législation ordinaire. Le droit commun est constant : l'exception qu'on voulait y apporter n'a pas d'existence légale : il faut donc s'en tenir au droit commun lui-même, et laisser de côté une exception dont l'existence avortée a été proscrite souverainement par l'autorité législative.

Mais qu'ai-je besoin de combattre ce projet toujours cité par les écrivains qui veulent accréditer la compétence universelle et perpétuelle? Faut-il donc tant d'efforts pour prouver qu'une loi qui n'existe pas, n'est pas une loi? Ainsi donc, laissons les opinions émises au sujet de cette loi avortée; elles n'ont d'autre autorité que la raison qui peut les caractériser, et les preuves dont leurs argumens peuvent être accompagnés.

Il y a plus : quand le texte de ce projet eut

été adopté par les deux chambres, et sanctionné par le Roi ; quand il serait loi de l'Etat ; quand bien même l'étrange faveur dont on voulait environner les plaintes en calomnie aurait été consacrée, l'incompétence du tribunal de Rennes n'en serait pas moins incontestable.

L'art. 23 du projet pose solennellement le principe que j'ai déjà développé ; que dans l'état actuel de nos lois qui déclarent le dépôt, publication et délit, le lieu du dépôt est celui de la compétence.

L'art. 22 fait une exception à ce principe général, pour les plaintes en calomnie, et les attribue au tribunal de la partie plaignante. Or, Rennes n'est point le domicile de M. Béchu : votre incompétence serait donc incontestable, même dans le système de la loi projetée.

Ainsi, sous tous les rapports, soit aux termes des principes généraux que nous reconnaissons tous, soit en admettant l'autorité d'une loi qui n'a d'existence que dans l'imagination de ceux qui en argumentent, la procédure actuelle ne peut se soutenir ; elle est contraire à la raison commune ; elle viole la charte ; elle contrevient aux dispositions prohibitives du Code pénal.

Maintenant, si vous laissez de côté, et l'énergie des principes généraux, et le silence absolu de nos lois sur l'exception qu'on y veut forcément introduire, ne perdez pas de vue les conséquences immédiates du principe qu'on veut vous faire consacrer en faveur de la compétence universelle; songez aussi aux résultats nécessaires de la résolution que vous allez prendre, dans les circonstances où nous nous présentons devant vous.

Dans nos lois modernes, la liberté de la presse est au nombre des droits politiques les plus chers aux Français; elle est le ressort du gouvernement représentatif, puisque seule elle peut exprimer l'opinion qui doit en être le régulateur et l'appui : interprète toujours fidèle, parce que la crainte et l'intérêt ne lui prescrivent point son langage ; interprète exact, parce que chaque jour rectifie ses erreurs, et complète ses documens ; interprète nécessaire au peuple dont elle garantit les droits, et nécessaire surtout au monarque dont elle éclaire la sagesse : sans elle, isolé au milieu de son palais, il ne connaîtrait des vérités publiques, que ce que des ministres intéressés voudraient laisser pénétrer jusqu'à lui, et n'entendant point les gémissemens du peuple, il ne pourrait ni satisfaire ses vœux, ni soulager sa douleur.

Les écrivains qui se consacrent au périlleux apostolat des vérités politiques, sont, comme tous les sujets fidèles, appelés à servir toujours, même par leurs erreurs, et à déplaire quelquefois, par leur talent même, et surtout par leur énergie et leur loyauté.

C'est aux magistrats à faire que le malheur de déplaire soit un inconvénient et non pas. un obstacle.

Censeur importun pour des oreilles accoutumées à des éloges, l'écrivain encourra souvent la disgrace des ministres dont il censurera les actes avec plus ou moins de justice ou de partialité.

S'il se trouve quelquefois des ministres accessibles au désir des petites vengeances, et pressés par le besoin de se débarrasser à tout prix du bourdonnement importun de la critique; (et l'histoire nous apprend qu'il peut en exister) songez, Messieurs, quel parti redoutable de tels hommes pourraient tirer d'un faux principe que vous auriez imprudemment accueilli. Avec le dogme de la compétence universelle et perpétuelle, des hommes habiles et pervers auraient bientôt détruit la liberté de la presse, et obtenu le silence de la pensée, qui n'est pas le repos du bonheur, mais la paix des tombeaux.

Le ministère public est indépendant, sans doute, par le courage et le désintéressement de la plupart des magistrats qui en sont investis; mais ces magistrats n'ont pas l'indépendance légale. Révocables à volonté, agens nécessaires du pouvoir, ils sont tenus d'exécuter les ordres qu'ils reçoivent, et la destitution est pour eux à côté de la désobéissance, comme pour rendre plus noble et plus pur leur dévouement à leur devoir.

Si vous admettez la compétence uuiverselle et perpétuelle, et le renouvellement indéfini des délits de la presse, le ministère qui voudrait perdre un ou plusieurs écrivains, pourrait donc choisir les plus dociles des procureurs du Roi du royaume ou des colonies, et leur prescrire des poursuites contre tel écrivain de Paris, qui serait fatiguant par ses talens.

Sans doute, les juges, indépendans qu'ils sont par leur caractère et par la loi, ne consacreront pas par des condamnations les poursuites ministérielles ; mais pour peu que la pratique de l'arrestation préliminaire continue de prévaloir sur la justice et l'humanité, un tardif élargissement empêchera-t-il qu'un nombre plus ou moins considérable d'écrivains ait été transporté de cachots en cachots, du sein de la capitale, jusqu'aux départemens frontières, et même jusqu'au fond des colonies, pour satisfaire la vengeance ou la haine d'un ministre en crédit.

Le juge ne peut qu'acquitter un innocent ; il ne peut empêcher ni les poursuites ministérielles, ni l'emprisonnement préliminaire, ni les translations du nord au midi, de l'orient à l'occident.

Après un acquittement obtenu dans les tribunaux d'Europe, qui garantira les écrivains que quelque passage inapperçu ne fournira pas à quelque procureur du Roi de l'île Bourbon, un prétexte pour de nouvelles poursuites, de nouveaux emprisonnemens, des translations nouvelles?

Ainsi, au moyen de cette compétence universelle et perpétuelle, au lieu de faire un 18 fructidor sur des écrivains incommodes, le même principe qui conduit M. Dunoyer dans les prisons de Rennes, conduira trente autres écrivains dans les déserts pestilentiels de Synamari. Au lieu d'avoir besoin de la majorité de la législature pour porter une loi de banissement, il suffira d'un procureur du Roi à Cayenne avec un juge d'instruction. Un mandat d'amener fera l'office de loi, pour débarasser le continent Européen des hommes dont la présence peut déplaire.

Vous souvient-il, Messieurs, de ce système des évocations arbitraires, et des lettres d'attribution, contre lesquelles nos pères ont tant réclamé. Les cahiers des doléances des états généraux (1) ont long-temps sollicité l'abolition de ce funeste usage où était l'autorité souveraine de troubler à son gré l'ordre des jurisdictions, d'enlever à des gens qu'on voulait perdre la protection de leurs

---

(1) Voyez les états généraux tenus à Tours en 1483. Réclamations des états contre les commissions extraordinaires. Réponse du Roi. Comines, chapitre 18, livre 5.

juges naturels, pour les envoyer au loin devant des juges que la haine désignait à l'innocence. Ainsi, poursuivi par un ministre perfide, dont les mains étaient armées du pouvoir redoutable des évocations, et des lettres d'attribution, le célèbre La Chalotais, l'honneur de la Bretagne et de la France, enlevé à ses juges naturels, portait de province en province son innocence et ses fers, et expiait dans des cachots lointains son patriotisme et sa vertu.

Magistrats, le système de la compétence universelle que le ministère peut à son gré par ses agens fixer, enlever ou donner, est-ce autre chose que la théorie des évocations arbitraires, et des lettres d'attribution indéfinie.

Amis des lois, protecteurs naturels de l'ordre, craignez de consacrer des maximes qui adoptées pas d'autres juges, sur la foi due à votre sagesse, consacrées par le temps, formeraient bientôt un ensemble redoutable d'abus, par lequel la sécurité individuelle serait infailliblement étouffée.

A ces motifs généraux d'une utilité permanente, j'ajouterai que la déclaration de votre incompétence ne peut nuire à personne, tandis que la décision contraire peut avoir les plus fâcheux inconvéniens, et pour le prévenu, et pour l'accusateur lui-même, et surtout pour la tranquillité des esprits dans cette province.

D'abord , si vous repoussez la jurisdiction dont on veut vous investir , quel inconvénient peut-il en résulter pour M. Béchu ? Il sera , dit-on, obligé d'aller plaider à Paris pour obtenir la réparation de la calomnie dont il se plaint : cela est vrai ; mais quel est le mal qui peut résulter de cette nécessité ?

Est-ce de plaider devant un tribunal étranger ? Mais le tribunal de Rennes est tout aussi étranger pour lui que celui de Paris ou de Marseille ?

Est-ce de se transporter à une longue distance ? Mais sa qualité de plaignant ne l'oblige pas de se présenter en personne, puisqu'il n'assiste pas même à la présente audience. Le ministère public à Paris, aussi bien qu'à Rennes , soignera les intérêts de l'honneur de M. Béchu , et son avoué l'intérêt de sa bourse (1).

M. Béchu pourrait-il enfin se plaindre, avec les journaux, de la nécessité de faire transporter ses témoins de son domicile de Vitré à Paris ; mais plus savant que certains journalistes , le président de Vitré ne doit pas ignorer qu'en matière de calomnie, le plaignant n'a aucune preuve à faire,

---

(1) M. Béchu dans sa plainte lue à l'audience par M. le procureur du Roi , s'est réservé le droit de se porter partie civile , ainsi , et quand il avisera ; il peut donc , en tout état de cause, requérir des dommages-intérêts

que c'est au prévenu à tout prouver par des pièces
dont la nature et le caractère sont déterminés par
la loi.

Veut-il une justification locale ? Mais ne peut-
il pas obtenir l'impression et l'affiche de plusieurs
milliers d'exemplaires ?. N'est-il pas naturel que
la justification parte du même point , et se propage par les mêmes moyens que l'accusation ?

M. Béchu du moins ne sera point surpris nuitam-
ment dans son domicile , enlevé à sa famille , à sa
fortune , à ses travaux , et transporté à cent lieues
de distance , au fond d'une prison. Du moins ,
pendant que les juges de Paris seront saisis de
sa plainte , et que le ministère public poursuivra
avec activité la vengeance de la magistrature
offensée dans sa personne , (1) lui du moins ,
tranquille à Vitré , fera jouir ses justiciables de
ses lumières et de son impartialité.

Quel préjudice peut-il donc alléguer ? Aucun ;
à moins que ce ne soit pour lui un grand inconvénient que l'observation des lois, et l'ordre
des jurisdictions. Quelque soit le zèle de M. le
procureur du Roi de Rennes dans la cause actuelle , M. Béchu peut espérer que les devoirs

---

(1) M. Béchu prétend dans sa plainte que la magistrature
tout entière est offensée par la calomnie , ou la médisance
dirigée contre lui.

du ministère public ne seront point négligés non plus par les autres procureurs du Roi du royaume, et que toutes les mesures légales propres à assurer sa vengeance seront exécutées par eux sans négligence et sans tiédeur. J'en excepte pourtant l'arrestation préliminaire pour laquelle peut-être tous les magistrats français ne croiraient point devoir abandonner les vieilles doctrines de l'humanité.

Disons mieux : espérons que dans l'utile intervalle qui séparerait votre jugement d'incompétence , des nouvelles poursuites de M. Béchu , ce magistrat réfléchirait plus mûrement sur les inconvéniens du système qu'on lui a suggéré.

M. Béchu est délicat sur l'honneur : il doit l'être, puisqu'il est français, et qu'il rend la justice au nom du Souverain : il tient à l'estime publique, il doit le faire : c'est le plus bel apanage et la plus noble récompense des veilles du magistrat.

Toutefois , puisque sa susceptibilité s'offense par la révélation de quelques faits incomplètement racontés, et dépouillés de réflexions et de censure, puisqu'il provoque des explications et des preuves, qu'il craigne le résultat de ces provocations.

Si M. Béchu est présent dans cette enceinte, qu'il soit attentif : s'il est absent, que ma voix retentisse jusqu'au fonds de sa retraite.

Si sa conscience est sans reproche , si dans les

temps, qui ne sont plus, la balance de la justice fut toujours entre ses mains ferme et égale, si ses jugemens et ses réquisitoires sont empreints de cette sagesse dont on peut s'honorer dans les temps calmes; fort de son caractère, fort de l'estime de ses justiciables il eût laissé à leur voix impartiale le soin de sa justification, il eût dédaigné les clameurs de l'imposture, et ne serait pas allé solliciter à grand bruit de l'argent (1) et la vengeance. Le véritable honneur est calme et fier; il dédaigne les réparations civiles, et n'a pas besoin des efforts de la partie publique pour se conserver.

Mais si ce magistrat avait quelques reproches à se faire, s'il n'avait pas toujours été calme dans les temps d'orage, si dans l'exercice de ses fonctions, il avait pu conserver quelque souvenir des affections et des dénominations de parti, je le lui déclare avec franchise : qu'il redoute le jour des explications : les dépôts du greffe de sa jurisdiction seront compulsés, et j'en aurai le droit incontestable. Les actes de son autorité soumis à une critique sévère, passeront sous les yeux des magistrats et du public, afin que le reproche de partialité dont se plaint M. Béchu, soit apprécié avec connais-

____

(1) Voyez la plainte de M. Béchu.

sance de cause, et qu'un gouvernement ennemi des réactions, soit à son tour informé des détails de ce grand démêlé.

Qui sait jusqu'à quel point le plaignant pourra s'applaudir d'avoir appelé les lumières et pro-voqué la discussion que nous voulons éviter. Quelles qu'en soient les suites, que M. Béchu ne les impute qu'à lui-même ; ou plutôt qu'il ne les impute qu'à ces instigateurs obscurs, qu'à ces artisans de scandale, qui pour satisfaire leurs passions haineuses, de gaité de cœur, le préci-pitent dans des dangers qui ne doivent pas les atteindre, et le poussent vers un abîme d'où ils ne pourront pas l'arracher. Que M. Béchu retienne la parole du Prophète : *Erudimini qui judicatis terram, nam quo judicio judicaveritis, judica-bimini.*

Quant au prévenu, qui s'est efforcé par tous les moyens que la loi lui donne d'épargner à ce magistrat les affligeans développemens dont la défense fera pourtant tôt ou tard un devoir et un droit, quant au prévenu qui a rapporté sans amertume et sans critique des faits, encore fort adoucis dans leurs détails, aucun reproche sur les conséquences de ces débats ne pourra lui être adressé avec quelque justice.

Et vous, Magistrats, vous gardiens de la paix publique, et protecteurs de la tranquillité du pays, cette exception d'incompétence, peut être

pour vous un moyen de remplir ce devoir pa-
ternel, qui consiste à prévenir pour n'avoir pas
à punir ; car ici, par une admirable bonté de la
providence, ce qu'il y a plus légal est aussi le
plus utile, et le plus prudent.

Pourquoi craindrais-je de répéter ici publiquement ce qui se dit chaque jour en cent endroits
de cette cité populeuse ? La vérité cesse-t-elle
d'être la vérité, parce qu'on n'ose pas l'exprimer ?

On voudrait vainement se le dissimuler : les
débats de ce procès ne peuvent que donner aux
esprits une agitation dangereuse, et jeter des
élèmens de fermentation et de discorde, dans un
pays naguères tourmenté par les guerres civiles,
et où l'on remarque encore tant de passions qui
peuvent devenir incandescentes.

Lorsque depuis la bienfaisante ordonnance du
5 septembre, le besoin de l'union et de l'oubli
se fait enfin sentir, lorsque les souvenirs amers
et les ressentimens commençaient à se calmer,
pourquoi faut-il qu'on nous force à entretenir le
public, des déportemens de quelques hommes qui
doivent désirer qu'on oublie leur titre politique
et leurs déplorables exploits ? Pourquoi faut-il
qu'on s'obstine à exiger que dans ce département
même, dans la capitale de la Bretagne, on examine si dans certaines localités la balance de la
justice n'a jamais penché en faveur des partis ?

Daignez me croire , Messieurs ; on n'éteint pas un incendie en y jettant des matières combustibles ; on ne termine point une révolution en ranimant sans cesse les ressentimens. Ce reproche ne sera point encouru par le prévenu, qui content d'adresser au plaignant un avis rapide et modéré sur la fausse route où l'engagent ses souvenirs, n'y a joint ni réflexions ni preuves, et a isolé cet avertissement charitable de toute espèce de détails qui auraient pu en faire une accusation grave pour le président de Vitré. Mais appeler les preuves sur l'existence de tel ou tel parti , sur la faveur illégale dont on a pu l'environner : mais choisir pour théâtre de ces débats, les lieux où sont empreintes les traces des factions, et pour témoins , les hommes qui en ont été les instrumens ou les victimes ; c'est là , qu'est à mon avis , non le danger, mais le malheur et l'imprudence. C'est un déplorable moyen de rétablir l'union et la concorde, que de commander sans cesse des développemens solennels, des preuves , des discussions , des enquêtes sur les faits qu'il faudrait oublier.

Si les prévenus insistent pour éloigner le procès de cette province, ce n'est pas pour éviter un jugement : c'est pour le subir dans des lieux où les preuves et les discussions qui deviendront nécessaires , n'auront à resusciter ni ressentimens, ni récriminations.

Telles sont les circonstances de ce déplorable procès, telle a été la rigueur inouie avec laquelle on l'a commencé, que la faveur publique devait naturellement se manifester pour la personne du prévenu, qui paraissait dans ce pays avec la physionomie de l'opprimé ; d'ailleurs, il était précédé par une de ces réputations propres à émouvoir de grandes et fortes affections. Quelles qu'aient été les mesures arbitraires employées pour contenir, par la terreur, cet élan de la générosité bretonne, toutefois, cette foule distinguée qui remplit cette enceinte, cette inquiète sollicitude qui règne au dehors de votre audience, cette industrieuse persévérance qui a bravé l'aspect hideux des prisons, pour entourer le prévenu de consolations et d'espérances ; ce respect affectueux qui lui sert d'escorte depuis sa prison jusqu'aux pieds du tribunal : n'est-ce pas là le signe le moins équivoque qu'aux yeux des habitans de Rennes, cette cause est une de celles au succès de laquelle peuvent se rattacher des passions politiques.

Si cet intérêt si actif et si général, si cette fermentation si remarquable, s'attachent à la discussion d'une aride question de droit, croyez-vous que l'exposé des actes d'impartialité de M. Béchu puisse s'adresser à des cœurs froids, et à des têtes bien tranquilles.

Sans doute, je suis loin d'annoncer aucun désordre ; cette idée ne sera jamais la mienne ;
car le caractère breton se compose autant de
l'amour de l'ordre et de la soumission aux lois ,
que de la haine pour l'oppression , et d'un amour
énergique de l'indépendance.

Toutefois n'oublions pas que le premier pas vers
la concorde, doit être l'oubli du passé : l'oubli seul
peut réunir les cœurs , et l'union des cœurs garantit la tranquillité, mieux que l'appareil d'une
force imposante.

Magistrats Bretons, vous êtes appelés à donner
un grand exemple : les premiers entre la magistrature française, vous avez à consacrer, par une
éclatante décision , votre respect pour l'ordre
tutélaire des jurisdictions ; vous avez à protéger
la littérature contre ce servage humiliant, auquel
on prétend la ravaler : heureux, en remplissant
cette double mission , d'éloigner des citoyens de
cette capitale et les amers souvenirs , et les ressentimens ennemis de la paix. Ainsi, la sagesse du
politique applaudira à votre décision ; et le juris-
consulte la consacrera dans ses annales , comme
un monument d'indépendance et de vérité.

MÉRILHOU, *Avocat.*

CONSULTATION.

L E CONSEIL SOUSSIGNÉ, consulté en point de droit sur la question de savoir quel est, pour les délits de la presse, le Tribunal compétent pour juger l'auteur de l'écrit;

Et spécialement, quel est le Tribunal DU LIEU DU DÉLIT;

EST D'AVIS :

Que l'auteur ne peut être jugé que par l'un des trois Tribunaux suivans : celui de *son domicile*, celui du lieu où il *peut être trouvé*, celui du *lieu du délit;*

Que le lieu du délit est celui où l'écrit a été *publié*, et que la *publication* est consommée par la première vente ou distribution qui est faite de l'ouvrage;

Que si cet ouvrage est imprimé, le lieu de la publication est réputé être celui du domicile de l'éditeur, indiqué sur le titre;

Qu'enfin, dans l'état actuel de la jurisprudence, si l'autorité a reçu le *dépôt* des premiers exemplaires, conformément à l'article 14 de la Loi du 21 octobre 1814, le lieu de ce dépôt est celui de la *publication légale.*

Le juge *naturel* de celui qu'on cite en justice,

est le juge de son domicile ; c'est la règle générale , il faut une loi pour y déroger.

La Loi permet encore de porter l'action pénale
devant le Tribunal *du lieu du delit*, ou devant le
Tribunal dans le ressort duquel le prévenu *peut
être trouvé.* Ce sont des exceptions ; les étendre ,
ce serait porter atteinte à ces dispositions précieu-
ses de la Charte , qui garantissent à tout Français
le droit de n'être traduit que devant ses juges
naturels ; ce serait violer la maxime qui résout
en faveur de celui qu'on accuse tous les doutes
que peut présenter la loi.

A quoi donc se réduit , dans les purs termes de
cette Loi, la triple compétence qu'elle donne sur
le délit, si ce n'est à reconnaître dans trois tribunaux , seulement , le droit de le juger , sans qu'il
soit possible d'en supposer un plus grand nombre ,
simultanément compétens ?

1.° Le juge *du domicile.*

Il n'y en a qu'un , parce qu'on ne peut avoir
qu'un domicile.

2.° Le juge du lieu où le prévenu est *capturé.*

Il n'y en a qu'un, parce que le même individu
ne peut être trouvé dans deux endroits à la fois.

3.° Enfin, le juge du *lieu du délit.*

Il n'y en a qu'un, s'il n'y a qu'un seul fait à
punir, si l'on ne veut prononcer qu'un jugement ,
si l'on ne veut appliquer qu'une peine.

La Loi ne suppose jamais qu'un seul juge DU LIEU du délit; trois fois elle le répète, art. 23, 63, et 69 du Code d'instruction criminelle.

Ainsi, dès qu'on aura pu qualifier légalement un Tribunal juge *du lieu du délit*, on aura consommé l'application de la loi, et dès lors aucun autre Tribunal ne pourra juger au même titre.

La compétence est d'ordre public; elle ne peut s'étendre, ni changer arbitrairement de place.

Ce n'est qu'autant qu'on se renferme strictement dans le cercle tracé par la Loi, que l'accusé ne peut se plaindre qu'on le distrait de ses juges, qu'on choisit contre lui une commission, et qu'on lui fait supporter des rigueurs illégales.

Il ne s'agit donc que de savoir dans quel lieu commence à naître le droit de poursuivre le délit; pour connaître quel Tribunal a pu être le premier saisi de l'action pénale.

Or, l'action naît, le délit est PERPÉTRÉ à l'instant où le fait imputé a cessé d'être une simple *tentative*. Dès cet instant, ce délit, si l'on peut ainsi parler, est irrévocablement acquis à la vindicte publique. Que le délinquant persiste ou qu'il se repente, qu'il répare ou qu'il aggrave sa faute, la loi ne cesse pas de voir le même délit; si elle parle de circonstances aggravantes ou atténuantes, ce n'est que pour les rattacher à un fait principal et déjà accompli; mais le délit lui-même, c'est-à-dire, l'acte moral qui provoque la peine, n'est plus qu'un fait passé.

Sans doute, les conséquences d'un délit pèsent toutes sur le délinquant, parce que la Loi civile le rend responsable des dommages causés par son fait. Mais ces conséquences ne sont pas son délit, et la Loi criminelle ne le punit que pour l'acte où sa propre volonté a concouru à sa propre action.

Quand donc a eu lieu cette réunion dans le même individu, et au même instant, d'une volonté coupable et d'un acte nuisible? (L'intention ne fait pas le délit, et il n'y pas de délit sans intention) Où donc s'est manifesté dans le coupable ce rapport intime de volonté et d'action? Car c'est là seulement que le délit a été consommé. Qu'importe que ses effets se perpétuent? Qu'importe jusqu'où s'étendront ses ravages?

Appliquant ces principes aux délits de la presse, il est manifeste que c'est la publication de l'ouvrage qui consomme le délit de l'auteur ; ainsi le délit de calomnie est consommé sans retour dans le lieu où un auteur a publié l'ouvrage calomnieux.

Peut-on alors se méprendre sur le lieu de cette publication, quand l'ouvrage porte le nom de l'éditeur chargé de le rendre public? N'y a-t-il pas une certitude complète et légale sur le temps et sur le lieu de cette publication, quand l'auto-

rité elle-même a reçu le dépôt des premiers exemplaires, et que ce dépôt autorise les poursuites et
fait commencer la prescription ? (1)

Or, la disposition de la Loi qui admet la prescription en matière de calomnie et qui détermine
le point d'où part cette prescription, serait incon-
ciliable avec l'idée que le délit de calomnie se
renouvelle partout où se répand l'écrit calomnieux.

Dire que la *circulation* de l'ouvrage renouvelle
le délit, c'est soutenir que la circulation renouvelle
la *publication* ; tandis qu'elle ne fait que propager
l'ouvrage publié ; c'est dire qu'on peut rendre
public ce qui l'est déjà, qu'on peut redonner ce

---

(1) Depuis que la censure a cessé d'exister, les Tribunaux ont constamment jugé que d'après la Loi du 21 octobre
1814, combinée avec celles du 21 février 1817 et du 9
novembre 1815, le *dépôt* est une publication légale, suffisante
pour autoriser les poursuites contre l'auteur. Le ministère
a constamment agi d'après cette doctrine, et l'a soutenue
dans le cours de la dernière session. C'est incontestablement
l'état actuel de la jurisprudence. On citera seulement deux
exemples : le jugement rendu contre le sieur Brissot-Thivars,
auteur du *rappel des bannis* ; les cinq exemplaires *déposés*
ont été les seuls entièrement imprimés, il n'en a été livré,
ni achevé aucun autre. Les sieurs Comte et Dunoyer offrent
le second exemple. Il est naturel d'invoquer en leur faveur
une doctrine sans laquelle ils n'eussent pu être condamnés. (*Note de l'éditeur*)

qu'on a déjà donné ; c'est confondre la cause avec l'effet, et le délit avec ses conséquences.

Dans ce système, on pourrait voir le même auteur frappé, le même jour et à raison du même délit, d'autant de réquisitoires et de mandats d'amener qu'il y aurait d'arrondissemens où son ouvrage aurait circulé.

Au milieu de ce conflit de poursuites incalculables, on ne retrouverait plus le principe conservateur de l'unité de la compétence ; on chercherait même envain un motif quelconque pour concentrer les poursuites dans tel Tribunal plutôt que dans tel autre, puisque tous auraient les mêmes droits de juger le délit.

Une compétence arbitraire, et susceptible de se multiplier à l'infini, serait donc mise à la place de la compétence légale, qu'aucun magistrat ne peut s'attribuer de son chef. C'est l'anarchie la plus complète introduite au sein même de l'administration de la justice ! Et quel sera le terme de ce désordre, si le Juge Instructeur ou le Procureur du Roi de chaque arrondissement peut à son gré saisir son Tribunal de la poursuite du délit de calomnie ; si la partie civile peut saisir tel Tribunal qu'il lui plaira de choisir ?

La raison seule repoussait un pareil système ; la Loi l'a proscrit.

La Loi, en punissant dans un auteur une

-publication dangereuse , ne s'attache point au plus ou moins de publicité de l'ouvrage, pour multiplier le délit. Elle ne veut punir qu'un fait unique , qui s'est accompli là où la communication a commencé de s'établir entre le public et l'auteur.

La Loi connaît la *récidive*, elle ne connaît pas la *réperpétration* des délits.

Ainsi, dans le vrai sens de la Loi, la calomnie verbale ou écrite s'est consommée là où le calomniateur a parlé, là où il a montré publiquement son écrit. Son délit ne se multiplie pas, dans les cent lieux où cent autres bouches auront redit la calomnie, où cent autres mains auront fait circuler l'écrit.

L'incendiaire a commis son crime là où il a porté sa torche ;

Le destructeur d'une digue, là où il aura fait la rupture. Et le crime que punissent les Lois ne s'est pas reproduit partout où les flammes se sont étendues, partout où les eaux se sont précipitées.

Et pourtant, ces terribles effets ont leur terme, tandis que la propagation des idées n'a point de bornes. La calomnie se reproduirait donc éternellement: il y aurait donc des délits *perpétuels* et *imprescriptibles* ! Mais la Loi n'en reconnaît point. La prescription commence du jour, du délit, et ce jour ne peut renaître sans cesse !

Si donc la première publication a été faite à Paris, par exemple, c'est à Paris que le délit s'est achevé. Dès ce moment, la prescription a couru. Donc, dès ce moment, le Tribunal de Paris est devenu le seul Tribunal compétent.

Et si c'est à Paris, en effet, que l'ouvrage a été composé ; qu'il a été imprimé ; que le dépôt des cinq exemplaires a été fait ; qu'il a été publié avec noms d'auteurs et d'imprimeurs, et après l'accomplissement des formalités prescrites par la loi ; et qu'enfin il a été livré à la circulation ; où donc pourrait-on chercher ailleurs le juge DU LIEU du délit ?

La vente et la distribution ultérieures sont des circonstances d'autant plus indifférentes, que les auteurs ne s'occupent presque jamais de ces dé-tails. Cette vente, cette distribution doivent être regardées comme la suite et la conséquence d'un délit déjà commis ; mais elles ne peuvent attribuer à qui que ce soit une compétence déjà dévolue par la Loi au Tribunal du lieu de la publication.

Inutile de faire observer qu'il ne s'agit pas, comme sous l'empire de l'ancienne législation, de faire le procès au libelle souvent anonyme que l'on pouvait saisir et condamner, à l'instant même, dans plusieurs lieux à la fois ; alors c'était le procès *du livre* et non celui de *l'homme* ; mais aujourd'hui que pour condamner, il faut un prévenu à punir, l'application des vieilles maximes sur la compétence en matière de libelles, ne serait plus qu'une monstruosité, et quand on consentirait à ne poursuivre qu'une seule fois pour un seul livre, on n'en donnerait pas moins à l'accusateur le droit de choisir ses juges, et les mandats pourraient toujours se croiser à l'infini sur le même prévenu.

Ces étranges et inévitables conséquences auraient seules entraîné l'opinion du conseil si les considérations premières, qu'il a tirées des plus simples notions du droit ne l'eussent déjà convaincu qu'un délit unique, qu'il faut bien circonscrire par le temps et par le lieu, puisque c'est un fait accompli et individuel, ne peut avoir été commis par la même personne qu'une seule fois et en un seul lieu.

Ce serait donc une erreur grave de dénaturer ainsi, en la multipliant, une compétence dont l'unité établie par la Loi, est un bienfait garanti par la Charte.

Délibéré à Rennes, le 29 *mai* 1818.

Signé, VATAR. TOULLIER. MALHERBE. FÉNIGAN. JUMELAIS. CARRÉ. L. M. COATPONT. GAILLARD DE KERBERTIN. MÉRILHOU.

Les avocats soussignés qui ont examiné la

question proposée, et qui ont pris connaissance de la Consultation ci-dessus, déclarent y adhérer complètement et en adopter les résolutions.

Rennes, le 29 mai 1818.

LODIN LALAIRE.   TIENGOU-TRÉFÉRIOU.
BODIN, père.   RESNAYS.   RÉBILLARD.
BELLAMY.   MOREL.   BODIN, fils.
RICHELOT, fils.   FÉNIGAN, fils.

A RENNES, CHEZ CHAUSSEBLANCHE, IMPRIMEUR,
RUE DE BORDEAUX, DERRIÈRE LE PALAIS.